Lisa und Wilfried
Bahnmüller

Ab in die Ferien

Südtirol

Urlaubsspaß für die ganze Familie

BRUCKMANN

Inhalt

BOZEN UND DAS BOZENER UNTERLAND

DAS EISACKTAL UND DIE DOLOMITEN

DAS PUSTERTAL UND SEINE SEITENTÄLER

Vorwort

Südtirol, das Land der Berge – in diesem Satz steckt so viel Sehnsucht und er weckt in jedem von uns andere Erinnerungen und Verheißungen: Dolomiten und Waalwege, Täler und Weinberge, Seen, Burgen und Bergbauern, Kaminwurzen und Schüttelbrot, Bozen und Meran, Wasserfälle und Thermen, Musikkapellen und Trachten, Andreas Hofer und Reinhold Messner, Apfelfelder und Gletschereis und natürlich Berge, Berge und nochmals Berge …

War vor Jahren Südtirol noch der Ruf vorausgeeilt, eine Reise-Hochburg für rote Wadlstrumpfträger jenseits der 70 zu sein, hat sich dies heute grundlegend geändert. Südtirol ist wieder in, und das bei Jung und Alt.

Für Familien gibt es hier so unglaublich viel zu entdecken, dass ein einziger Urlaub sicherlich nicht ausreichen wird, um alles zu erkunden. Südtirol hat definitiv Suchtfaktor und es lohnt sich, öfter auf die Südseite der Alpen zu gondeln. So bietet sich Südtirol nicht nur für einen längeren Jahresurlaub an, auch Kurztrips über ein verlängertes Wochenende lohnen sich immer wieder.

An einem Wasserfall wie hier bei Barbian kann sich die ganze Familie im Sommer durch die feuchte Luft abkühlen.

Wissenswertes über Südtirol

Sprache

Ein großer Vorteil ist, gerade für Familien mit kleineren Kindern, dass man sich in Südtirol sehr gut verständigen kann. Zwar ist überall Italienisch auf dem Vormarsch, aber Deutsch ist neben Ladinisch Muttersprache in Südtirol. Mit Verständigungsschwierigkeiten muss sicherlich keiner kämpfen. Falls es wirklich einmal z. B. gesundheitliche Probleme geben sollte, sprechen also auch Ärzte Deutsch.
Dabei ist Südtirol so kinderfreundlich wie das restliche Italien auch, und so kommen unsere Kinder natürlich voll auf ihre Kosten.

Zum Glück liegt Südtirol bereits in Italien, denn da schmeckt das Eis ja am besten …

Klima und beste Reisezeit

Im Gegensatz zum nördlichen Alpenrand wird Südtirol viel mehr mit Sonne verwöhnt. So beginnt das Frühjahr immer einige Wochen früher und selbst Anfang November kann man in vielen Gegenden Südtirols noch von einem goldenen Herbst sprechen. Da ist es schon schwierig, eine Empfehlung für die beste Reisezeit auszusprechen, denn natürlich lohnt sich Südtirol das ganze Jahr über.
Definitiv sind jedoch die Sommermonate Juli und August am teuersten und vollsten. Dann sind in ganz Italien Ferien und viele Italiener verreisen im eigenen Land zur Sommerfrische. Da kann sich mitunter, vor allem um den 15. August, eine Quartiersuche als schwierig herausstellen. Auf der anderen

Seite finden gerade dann viele Kinderaktionen zum Mitmachen in den einzelnen Tourismusgemeinden statt, und die sind natürlich etwas ganz Besonderes. So gibt es in den Dolomiten rund um die Naturparks Fanes–Sennes–Prags, Puez–Geisler sowie Schlern–Rosengarten und im Hochpustertal das Angebot der Dolomiti Ranger für Kinder zwischen sieben und zwölf Jahren. Dreimal in der Woche können Kinder dort unter Anleitung zu spannenden Touren aufbrechen oder bestimmte Thementage erleben.

Attraktionen

Nach wie vor ist eine der Haupturlaubsaktivitäten das Wandern und Bergsteigen. Es gibt unzählig viele, meist perfekt ausgeschilderte Wanderwege in Südtirol. Die meisten führen mehr oder weniger hoch hinauf in die Berge, die ja den größten Teil des Landschaftsbildes ausmachen. Aber auch weniger Geübte finden tolle Wanderwege, die flacher z. B. entlang der Bewässerungskanäle, der sogenannten Waalwege, verlaufen oder eben sanft durch Täler führen. Viele interessante und familienfreundliche Wanderziele zu allen Regionen Südtirols findet man übrigens unter www.sentres.com oder unter www.südtirol.it

Jede Menge Erlebniswege wie hier auf dem Urlesteig im Sarntal sind in diesem Buch beschrieben.

Aber auch darüber hinaus bietet Südtirol viele familientaugliche Attraktionen. So gibt es mittlerweile tolle autofreie Fahrradwege, vor allem die mehrtägige Strecke durch das Vinschgau, vom Reschensee bis Meran, ist äußerst lohnenswert. Auf uns warten aber auch moderne Museen, Schwimmbäder, Funparks, Klettergärten, Streichelzoos, Bogenschützenparcours, Frei- und Naturbäder und natürlich Kinderveranstaltungen aller Art, die die ganze Familie begeistern.

Geografische Aufteilung

Um das Auffinden der einzelnen Urlaubstipps zu erleichtern, haben wir Südtirol in fünf große Landschaftsbereiche aufgeteilt:
Der Vinschgau, Meran mit dem Burggrafenamt, Bozen und das Unterland um den Kalterer See, das Eisacktal mit Sterzing, Brixen und den Dolomiten, sowie das Pustertal mit seinen vielen Nebentälern.
Der VINSCHGAU beginnt am Reschenpass und endet kurz vor Meran an der großen Brauerei Forst im gleichnamigen Ort. Zum Vinschgau gehören einige wunderbare, ruhige und vom Tourismus noch nicht so überlaufene Seitentäler wie das Schnalstal, das Martelltal oder das Matscher Tal. Der Vinschgau ist berühmt für seine großen Apfelanbaugebiete, die sich am Talgrund soweit das Auge reicht erstrecken.

Die wunderbare Laubengasse in Glurns im Vinschgau

Allerdings fehlt eine größere Stadt, die man ausgiebig besichtigen könnte. Als Ausgleich dafür finden wir viele romanische Kirchen und uralte Burgen.
Eine andere Besonderheit des Tales sind die vielen Waale, historische Bewässerungskanäle, die im sonnenverwöhnten Vinschgau für die Landwirtschaft entlang der Berghänge errichtet wurden. Sie dienten zur gleichmäßigen und gerechten Verteilung des Wassers. Dafür gab es sogar eigene Waalwärter, die auf parallel zu den Wasserrinnen angelegten Wegen Kontrollgänge verrichten konnten. Heute sind diese Waalwege perfekte Wanderwege für Familien mit Kindern. Entlang von Wasserläufen läuft der Nachwuchs sowieso fast von alleine und auch die Steigungen halten sich dort immer in Grenzen. Viele der Waalwege lassen sich sogar mit dem Kinderwagen befahren. Diese Waalwege ziehen sich bis zur nächsten Urlaubsregion hin.

MERAN UND DAS BURGGRAFENAMT sind nicht nur wegen der Stadt Meran ein gutes Urlaubsziel. Zu dieser Region gehört vor allem das nach Norden verlaufende Passeiertal. Es war schon immer ein wichtiger Alpenübergang, von dessen Ende man über den Jaufenpass nach Sterzing ins Eisacktal oder über das Timmelsjoch ins Ötztal nach Tirol gelangen kann. Daneben gibt es aber auch das ursprünglich gebliebene Ultental und etwas südlich davon die Verbindung über den Gampenpass ins Deutschnonstal, das eigentlich schon auf trentinischem Grund und Boden liegt.

BOZEN UND DAS BOZENER UNTERLAND weisen durch die Groß- und Hauptstadt Bozen einige der größten Urlaubsattraktionen Südtirols auf. Dabei handelt es sich in Bozen mehr um Besichtigungen, während man zum Wandern besser auf die naheliegenden Anhöhen, die schon immer für ihre Sommerfrische bekannt waren, ausweicht. Jenesien, der Kohlern und vor allem der Ritten sind dafür die besten Beispiele. Das Bozener Unterland erstreckt sich von Bozen nach Süden bis zur Grenze des Trentinos bei Salurn. Dort liegen die großen Weinanbaugebiete Kaltern, Tramin oder Kurtatsch, in denen sich auch zwei der schönsten Seen Südtirols befinden.

Beachtenswert sind die vielen Wandermöglichkeiten durch die Anbauflächen,sowohl der Weinanbaugebiete wie auch der Apfelfelder, die sich vor allem an der östlichen Talseite entlangziehen. Eine weitere wunderbare kinderfreundliche Wanderung, die leider keinen Platz mehr in diesem Buch gefunden hat, ist der kurze Marsch von Auer auf den Castelfeder. Hier befindet sich ein ehemaliger prähistorischer Siedlungsplatz mit Ruinenresten nebst Aussichtspunkten und einer herrlichen Flora und Fauna.

Die Vielfalt an Wandermöglichkeiten ist groß.

Oben: Uralte Bauernhöfe findet man im Schnalstal.

Das **EISACKTAL UND DIE DOLOMITEN** sind die vierte Urlaubsregion in unserem Buch. Gerade das Eisacktal, das viele nur von der Autobahn über den Brenner kennen, wird oft komplett verkannt. Noch dazu hat man vom Eisacktal aus leicht die Möglichkeit, die anderen Urlaubsregionen Südtirols zu erreichen. Die Dolomiten selbst bedürfen eigentlich keiner Beschreibung.

Das Kloster Neustift bei Brixen gehört zu den Sehenswürdigkeiten, die man als Erwachsener unbedingt gesehen haben sollte.

Ihre wunderbare Landschaft ist mittlerweile sogar in das UNESCO-Weltnaturerbe aufgenommen worden. Rosengarten, Schlern, Langkofel, Plattkofel, Geißlerspitzen – dies sind überaus verlockende Wanderziele, die aber zum großen Teil in luftiger Höhe liegen und sich meist als waschechte Bergtouren entpuppen. Für wenig bergerfahrene Familien gibt es aber trotzdem z. B. auf der Seiser Alm gute Wandermöglichkeiten wie zu den beliebten Hexenbänken auf dem Puflatsch oder über den Barfußpfad an den Hexenquellen. Das **PUSTERTAL UND SEINE SEITENTÄLER** sind wieder eine ganz eigene Region in Südtirol. Von Franzensfeste erstreckt es sich bis nach Winnebach an der Grenze zu Osttirol. Die großen Täler wie das Tauferer- oder das Ahrntal finden sich hier, ebenso wie das nach Süden in die Dolomiten führende Gadertal mit seinen ladinischen Bewohnern. Einige der schönsten

Der Pragser Wildsee im Pustertal ist für die ganze Familie ein Highlight.

Naturparks wie die Sextener Dolomiten, der Naturpark Fanes–Sennes gehören dazu und damit jede Menge tolle Wanderungen, von denen es leider einige nicht mehr in dieses Buch geschafft haben, weil ja Ziele wie die Stadt Bruneck auch nicht unerwähnt bleiben sollten. Ein Muss für jede Familie ist daher noch eine Wanderung rund um den Pragser Wildsee. Auch die Rotwandwiesen bei Sexten sind für Familien mit Kindern ein toller Tipp. Wer größere Kinder dabeihat, sollte sich ein Stück weit auf den Friedensweg z. B. ab dem Misurinasee machen, der liegt aber schon im Trentino. Er führt als Weitwanderweg entlang von ehemaligen Stellungs- und Wehranlagen aus dem ersten Weltkrieg durch die hart umkämpfte Tiroler Bergwelt. Weniger dramatisch, aber landschaftlich umwerfend ist z. B. auch eine Tour hinauf zu den Drei Zinnen, entweder zu Fuß auf einer längeren Wanderung oder leichter über die leider sehr teure, gebührenpflichtige Mautstraße.

Übernachten

In all diesen Gegenden gibt es jede Menge Übernachtungsmöglichkeiten von Luxushotels über Mittelklassehotels bis hin zur den 27 Hotels, die sich unter der Kette Familienhotels zusammengeschlossen haben. Letztere sind komplett auf Familien mit Kindern spezialisiert und profilieren sich als echte Spezialisten für den erlebnisreichen Familienurlaub inmitten der sagenhaften Südtiroler Landschaft. Die Kinder sind in guten Händen, verbringen viel Zeit an der frischen Luft und nehmen die Natur plötzlich mit völlig neuen Augen wahr. Begleitet werden sie von den naturpädagogisch ausgebildeten Betreuerinnen der Familienhotels.

Neben all den Hotels gibt es noch sehr viele Pensionen, Bed & Breakfasts, Campingplätze sowie unzählige Ferienwohnungen oder den Kinderklassiker »Urlaub auf dem Bauernhof«. Für Letztere ist ihr Dachverband, der Rote Hahn, eine gute Adresse für Ferien mit der Familie.

Von A nach B

Südtirol hat ein gut ausgebautes öffentliches Verkehrsnetz. Mit dem lokalen Zug- und Busverkehr kommt man fast an alle Ziele. Dafür muss man jedoch mehr Zeit einkalkulieren, als wenn man mit dem eigenen Auto anreist. Wir haben in diesem Buch bewusst darauf verzichtet, Angaben für die Anreise mit öffentlichen Verkehrsmitteln zu beschreiben, denn das würde den Rahmen vollkommen sprengen. Je nachdem, von welcher Seite man zu den jeweiligen Hits für Kids anreist, gäbe es auch da sehr viele verschiedene Möglichkeiten. Noch dazu verkehren die Busse häufig unter der Woche öfter als am Wochenende, ebenso in der Hauptsaison. Das wäre wirklich zu verwirrend. Auskunft über Fahrpläne erhält man unter www.sii.bz.it oder www.sad.it oder auch auf der bürgerfreundlichen Seite www.provinz.bz.it.

Wandern und Bergsteigen kann so schön sein!

Praktische Tipps

Für Südtirol braucht man eigentlich keine gesonderten Hinweise für eine geplante Reise anzugeben. Im Großen und Ganzen funktioniert alles genauso wie nördlich der Alpen. Dass in Italien die Benutzung der Autobahn Gebühren kostet, ist hinlänglich bekannt. Die Autobahnverbindung zwischen Bozen und Meran ist jedoch gratis. Einen Unterschied gibt es beim Telefonieren. Will man nach Italien telefonieren, muss man die Null der Ortsvorwahl immer mitwählen, wenn man einen Festnetz-Anschluss anruft, bei einem Anruf auf ein italienisches Handy fällt sie hingegen weg.

Der Vinschgau beginnt direkt am Reschensee mit dem bekannten Kirchturm mitten im Wasser.

DER VINSCHGAU

1 Über den Reschensee nach Nauders

Das Nauderixer Goldwasser hinter der Grenze

Sicher, es geht ab in die Ferien nach Südtirol, und jeder weiß, dass Nauders bereits in Österreich liegt. Aber manchmal muss man eben über den Tellerrand hinaussehen, vor allem wenn es sich um einen so spannenden familiengerechten Ausflug handelt.

In den Sommermonaten kann man auf der kleinen MS HUBERTUS über den Reschensee schippern. Von Mitte Juli bis Oktober sticht der Kapitän täglich um 15 Uhr in See.

Wer also seinen Urlaub im Vinschgau verbringt, der sollte sich unbedingt auf eine Reise nach Nauders ins benachbarte Österreich machen. Der Tiroler Ort liegt gleich jenseits der Grenze, nördlich des Reschenpasses. Auf dem Weg dorthin sollte man den ersten Stopp am RESCHENSEE einlegen, nur um sich einmal den einsam im Wasser stehenden KIRCHTURM anzusehen. Er ist das letzte Überbleibsel des einstigen Dorfes Graun, das beim Bau des Stausees 1950

Ausgangs-/ Endpunkt: Talstation der Bergkastelbahn zum Goldwasser in Nauders
Anfahrt: Im Vinschgau Richtung Norden; am Reschensee vorbei, über den Reschenpass und die Grenze nach Österreich; kurz vor Nauders liegt auf der rechten Seite der große Parkplatz der Bergkastelbahn
Ausrüstung: Feste Schuhe, Sonnenschutz und unbedingt Wechselkleidung bzw. Badesachen für Kinder mitbringen
Öffnungszeiten: Sessellift von Ende Mai bis Anfang Oktober, täglich 8.30–13 Uhr und 13.30–17 Uhr
Preise: Bergfahrt Erwachsene 11 €, Kinder 6,50 €, Familienkarte 28,50 €, Talfahrt gratis
Einkehr: Am Panoramarestaurant Bergkastel gibt es Liegestühle, Spielplätze und einen beindruckenden Rundblick auf die Bergwelt der Reschenpassregion
Information: Tourismusverband Nauders am Reschenpass, Dr. Tschiggfreystr. 66, 6543 Nauders, Tel. +43/050/25 54 00, www.nauders.com

komplett in den Fluten versank. Fast das ganze Jahr über kann man am Reschensee KITESURFER mit ihren großen Gleitschirmen beim Surfen beobachten.

Natürlich kann man in der Nauderixer Goldwasser Welt auch nach dem Edelmetall schürfen.

In Österreich an der Bergkastelbahn angekommen, fährt man gleich hinauf auf 2180 Meter Höhe zum Panoramarestaurant. Hier beginnt die große GOLDWASSER ERLEBNISWELT, die sich als ein riesiger Spielplatz mit WASSERRÄDERN, Rinnen, Mühlen, Wasserkippen, Stampfmühlen, GOLDWASCHPLÄTZEN, Stauanlagen und einem großen Badeteich entpuppt. So schnell kann man als Eltern gar nicht schauen, wie die Kinder diesen Berg ganz von alleine erobern. Da bedarf es keinerlei aufmunternder Worte zum Wandern mehr. Man braucht wirklich viel Zeit, damit die Kinder alles auf dem großen Rundweg, der übrigens auch kinderwagentauglich ist, erkunden können.

2 Auf den Erlebnisberg Watles

Wasserspiele, Bogenschützenparcours und Mountaincars

Um Kinder zum Wandern zu motivieren, muss man sich als Eltern einiges einfallen lassen. Am Erlebnisberg Watles haben das andere für uns übernommen. Oben erwarten uns neben dem riesigen Wasserspielplatz noch einige weitere Attraktionen.

Im Winter ist der Watles ein kleines Skigebiet. Im Sommer führt ein Sessellift hinauf bis zur PLANTAPATSCH HÜTTE, wo auf 2150 Meter Höhe das große Abenteuer beginnt. So können wir uns, je nach Kondition der Kinder, zu Fuß oder mit dem Watles Sessellift hinaufwagen. Letzteres ist vor allem für all diejenigen sinnvoll, die sich auf den BOGENSCHÜT-

Ausgangs-/ Endpunkt: Bergstation Watles
Anfahrt: Im Vinschgau Richtung Norden; nach Mals links der Beschilderung nach Burgeis und dort weiter den Schildern zum Erlebnisberg Watles folgen; dafür fährt man am Kloster Marienberg vorbei, folgt der Straße und biegt dann rechts ab hinauf zur Talstation des Prämajur Sesselliftes, der uns zur Bergstation bringt
Ausrüstung: Feste Schuhe sind unbedingt erforderlich, wenn man auf den Bogenschützenparcours möchte; Sonnenschutz nicht vergessen, rund um den Spielesee und die Plantapatsch Hütte wachsen schon keine Bäume mehr; für die Fahrt mit den Mountaincars sind Brillen als Schutz gegen Staub gut, Helme werden gestellt
Öffnungszeiten: Sessellift von Ende Mai bis Anfang Oktober, täglich 8.30–13 Uhr und 13.30–17 Uhr
Preise: Bergfahrt Erwachsene 9 €, Kinder 6 €, Kinder bis 8 Jahre fahren gratis; Mountaincars pro Person 7 € bis 12 Uhr, ab 12 Uhr 10 €; Bogenschützenparcours Erwachsene 8 €, Kinder 4 €; Verleih Bogenset Erwachsene 8 €, Kinder 5 €; es gibt vergünstigte Kombitickets für Liftfahrt und Bogenschützenparcours
Einkehr: Die Plantapatsch Hütte liegt direkt an der Bergstation und bietet gute Südtiroler Küche; die Aussicht auf den Ortler von ihrer Terrasse ist einmalig
Information: Toustistik AG Mals im Vinschgau, Glurnserstr. 7, 39024 Mals, Tel. +39/0473/83 54 56, www.watles.net

Rasant geht es mit den Mountaincars den Berg hinunter.

ZENPARCOURS machen wollen. Das ist eines der großen Highlights am Berg. Der CVR Bogenschützenverein hat hier mit viel Aufwand zwei große 3-D-Parcours errichtet. Sie sind für Familien mit Kindern ab neun Jahren genauso geeignet wie für Profis. Der kleinere Panoramaparcours verläuft flacher und ist besser für Anfänger geeignet. Der größere 3-D-Sesvenna-Parcours verläuft über Hügel und Mulden oberhalb der Plantapatsch Hütte und erreicht an seinem höchsten Punkt 2350 Meter Höhe. Dabei kann man mit ausgeliehenen oder selbst mitgebrachten Bögen auf Hartschaumtiere unterschiedlichster Größe, wie BÄREN, REHE, STEINBÖCKE, UHUS, ADLER,

TIPP

Natürlich kann man auf dem Watles auch hervorragend wandern. Für den Aufstieg hinauf zum Spielesee braucht man eineinhalb bis zwei Stunden. Wer höher hinauf will, kann zum Watleskreuz auf 2557 Meter hinaufsteigen. Ab der Bergstation der Sesselbahn muss man ebenfalls mit eineinhalb bis zwei Stunden rechnen.

TIPP

Nach dem Besuch des Erlebnisberges sollte man sich unbedingt die Zeit nehmen, um das nahe **KLOSTER MARIENBERG** zu besichtigen. Vom Parkplatz in der Kurve ist es in wenigen Minuten zu Fuß erreichbar. Es gibt ein angegliedertes Museum, das viel vom Leben der Mönche, aber auch von den Kunstschätzen des Klosters zeigt. Die berühmten **FRESKEN IN DER KLOSTERKRYPTA** kann man jedoch nur im Rahmen einer Besichtigung (nur im Monat Mai täglich außer So um 15 Uhr) oder während der Teilnahme an der Vesper um 17.30 Uhr von Juni bis Oktober, ebenfalls täglich außer So, sehen.

MURMELTIERE schießen. Wer noch nie zuvor Pfeil und Bogen ausprobiert hat, findet hier ebenfalls Gelegenheit dazu. Am Kassenhäuschen des Bogenschützenvereins kann man an einem einstündigen **BOGENSCHNUPPERKURS** teilnehmen. Ein wirklich tolles Familienerlebnis.

Kleinere Kinder freuen sich über den riesigen Wasser- und Sandspielplatz unterhalb der Hütte. An dem kleinen **FLACHEN SPIELESEE** mit seinen großen Sonnenstegen, an dem sich die Eltern mit herrlicher Aussicht auf den Ortler er-

Das Kloster Marienberg oberhalb von Mals ist einen Stopp wert.

holen können, gibt es Wasserräder, Rinnen und große SANDSPIELPLÄTZE sogar mit Goldwaschmöglichkeit. Es gibt eine lustige und steile RUTSCHPARTIE IN GROSSEN REIFEN über den Hang und den FUNBALLZ, einen aufgeblasenen Ball, mit dem man über das Wasser laufen kann.

Vorsicht: Bogenschießen macht süchtig!

Das reicht noch nicht für einen gelungenen Urlaubstag? Dann können wir zum großen Finale die vier Kilometer lange Abfahrt ins Tal mit den MOUNTAINCARS antreten. Die großen Dreiräder lassen sich leicht steuern und zwei große Scheibenbremsen sorgen für Sicherheit. Nur das Steuern und die Geschwindigkeitsregulierung muss jeder selbst übernehmen.

Viel Entspannung und weite Sicht auf den Ortler bieten die Liegeflächen um den See auf dem Erlebnisberg Watles.

3 Das Aquaprad

Im Nationalparkhaus Stilfser Joch

Der Nationalpark Stilfser Joch liegt im Vinschgau und umfasst die großen Berge des Cevedales und Ortlers. Er gehört zu den größten Schutzräumen in den Alpen und umfasst Lebensräume, die von 650 Meter Seehöhe im Tal bis in die weiße Gletscherwelt des ewigen Eises auf eine Höhe von 3900 Metern reichen.

Die dortige Vielfalt an Tieren, Pflanzen aber auch menschlicher Kultur ist so beeindruckend, dass man diesem Nationalpark gleich mehrere Naturparkhäuser gewidmet hat. Ein für Kinder besonders interessantes Nationalparkhaus ist das AQUAPRAD, das am Beginn der Stilfserjoch Straße liegt. Auch wenn uns am Eingang des Hauses ein aus der Wand springender Luchs und eine Eidechse begrüßen, dreht sich hier alles um das WASSER und natürlich um die Fische, die darin leben. Verschiedene AQUARIEN erlauben es, in die Welt der Fische einzutauchen. Dabei handelt es sich um heimische Fischarten,

Den Eingang zum Aquaprad schmückt ein Luchs.

Ausgangs-/ Endpunkt: Naturparkhaus Aquaprad
Anfahrt: Von Meran aus ein Stück weiter in den Vinschgau Richtung Reschenpass; im Ort Sponding nach Süden abbiegen auf die Stilfserjoch Straße, so kommt man nach Prad; das Museum liegt direkt in der Ortschaft und ist gut ausgeschildert; in der Nähe davon gibt es einige Parkplätze
Öffnungszeiten: Naturparkhaus täglich Di bis Fr 9–12 Uhr und 14.30–18 Uhr, Sa, So und Feiertag 14.30–18 Uhr, Mo Ruhetag
Preise: Erwachsene 6 €, Kinder von 7 bis 14 Jahren 2 €, Familienticket 13 €; es gibt Kombitickets mit den anderen Nationalparkhäusern
Einkehr: Im kleinen Ort Prad gibt es mehrere Möglichkeiten
Information: Naturparkhaus Aquaprad, Kreuzweg 4c, 39026 Prad am Stilfserjoch, Tel. +39/0473/61 82 12, www.aquaprad.com

und so werden **SAIBLING, HECHT, FLUSSKREBS UND CO.** mal schnell zu beliebten Stars. Abgerundet wird das Ganze durch viele Hintergrundinformationen über die feuchten Lebensräume der Fische wie Bach, Moore und Auwälder. Es gibt aber auch Terrarien, die die heimischen Schlangenarten zeigen. Kinder sollten unbedingt die **KOPFHÖRER** vor dem großen Fischbecken aufsetzen, hier erzählen Fische in einer sehr netten Art aus ihrem Leben. Natürlich lohnt es sich, auch alle anderen Naturparkhäuser zu besuchen.

Im Martelltal kann man neben dem Nationalparkhaus die Erdbeerwelt besuchen, was sich vor allem ab Mitte Juni lohnt.

Im **NATIONALPARKHAUS CULTURAMARTELL**, Trattla 246, 39020 Martell, www.culturamartell.com, dreht sich alles um die Menschen, die im Martelltal wohnen, um ihr kulturelles sowie religiöses Leben sowie ihre Bräuche. Diesen Ausflug kann man gut auf Mitte Juni legen, wenn im Martelltal die Erdbeerernte beginnt, dann lohnt sich auch die Wanderung auf dem Erdbeerlehrpfad, die am Nationalparkhaus beginnt.

Das **NATIONALPARKHAUS LAHNERSÄGE**, St. Gertraud 62, 39010 St. Gertraud im Ultental, www.lahnersaege.com, stellt den Wald und sein Holz in den Mittelpunkt. Dort gibt es auch einen großen Außenbereich, wo eine Mühle klappert.

Das **NATIONALPARKHAUS NATURATRAFOI**, Trafoi 57, 39020 Stilfs, www.naturatrafoi.com, ist ganz dem Leben an der Grenze gewidmet. Die wichtigsten Strategien und raffi nierten Tricks der Natur werden gezeigt. Es wird z. B. näher beleuchtet, wie unter extremen klimatischen Bedingungen die Chance zum Überleben erkämpft wird.

4 Der ArcheoParc

Dem Ötzi auf der Spur

Fast am Ende des Schnalstals liegt der ArcheoParc. Hier können wir uns auf die Spurensuche des Ötzi-Mannes begeben und in seine spannende Welt eintauchen, um so einiges von ihm zu lernen.

Gut 20 Jahre ist es mittlerweile her, dass ganz am Ende des Schnalstals, oben auf den Ötztaler Gletschern in der Nähe zur österreichischen Grenze die MUMIFIZIERTE LEICHE DES ÖTZI von zwei Bergsteigern gefunden wurde.

Archäologisch gesehen war das ein Sensationsfund. Noch nie zuvor hatte man eine durch das ewige Eis so gut konservierte Mumie eines Menschen gefunden, der vor über 5300 Jahren, also ca. 3300 v. Chr., im Alpenraum gelebt hat.

Bis heute versucht man all die RÄTSEL um sein Leben anhand der Fundsachen, wie seine Kleidung, sein Werkzeug, aber auch seine Tätowierungen zu lösen. Der Ötzi selbst ist im Bozener Archäologiemuseum zu sehen. Im ArcheoParc erkundet man in der Dauer-

Im ArcheoParc darf man sich selbst sein Werkzeug bauen oder Stockbrot backen

Ausgangs-/ Endpunkt: ArcheoParc
Anfahrt: In den Vinschgau, dort in Staben bei Naturns in das Schnalstal fahren; fast am Talende, im kleinen Ort Unser Frau in Schnals, liegt der ArcheoParc mit seinem Museum; dort gibt es einen großen Parkplatz
Öffnungszeiten: Vom 1. Juni bis 2. November täglich 10–17 Uhr, der Freilichtbereich ist 10.30–16.30 Uhr geöffnet
Preise: Erwachsene 8 €, Kinder von 4 bis 18 Jahren 6 €, Familienticket 23 €
Einkehr: Im Museum gibt es das kleine ArcheoCafé
Information: ArcheoParc, Unser Frau 163, 39020 Schnalstal, Tel. +39/0473/67 60 20, www.aecheoparc.it

Gleich neben dem ArcheoParc liegt das kleine Dorf Unsere Liebe Frau in Schnals mit seinen alten Höfen und der großen Kirche.

ausstellung den LEBENSRAUM UND DIE LEBENSWEISE des Ötzi vor 5300 Jahren. Rekonstruktionen und Filme zu seinem Fundort, seiner Kleidung und seinen Waffen und noch vieles mehr berichten aus diesen längst vergangenen Tagen.

Es gibt aber neben dem Museum noch ein tolles und spannendes Freilichtgelände. Dort ist Mitmachen die Devise, und so kann sich jeder in die Jungsteinzeit zurückversetzen. Groß und Klein lernen, wie man FEUER MIT FEUERSTEIN und Zunderschwamm entfacht. Es darf GETÖPFERT, Korn zu Mehl gemahlen und Leder verarbeitet werden. Man kann sich im BOGENSCHIESSEN üben oder ein Messer aus Silex-Stein basteln. Jeden Tag werden drei verschiedene Aktionen angeboten, so lernt man immer wieder was Neues! Und natürlich gibt es noch die Hütten, z. T. mit LAGERFEUERPLÄTZEN, die man besichtigen kann.

5 Schloss Juval

Messners Sommerresidenz

Das Schloss Juval thront hoch über dem Vinschgau am Eingang zum Schnalstal. Es gehört seit 1983 dem weltbekannten Bergsteiger Reinhold Messner, der hier in den Sommermonaten mit seiner Familie lebt.

Das Schloss Juval ist eines der fünf **MESSNER MOUNTAIN MUSEEN**, die über ganz Südtirol verteilt liegen. Es unterscheidet sich etwas von den anderen Museen, denn es ist gleichzeitig Wohnsitz von Reinhold Messner. So kann man das Schloss auch nur im Rahmen einer Führung besichtigen, die jedoch sehr zu empfehlen ist. Das Motto des Museums ist **MYTHOS BERG**, und das lässt erstaunlich viel Interpretationsspielraum zu. Viele weltweit gesammelte Kunstwerke sind ausgestellt. Aber natürlich sind auch die **PRIVATRÄUME**, von denen man einige besichtigen kann, interessant. Lassen Sie sich überraschen, wie ein Prominenter wie Reinhold Messner so lebt. Um das Schloss zu besichtigen, gibt es einen Shuttlebus für die Auffahrt. Viel schöner und kostenfrei ist jedoch die **KLEINE**

Ausgangs-/ Endpunkt: Parkplatz Schloss Juval
Anfahrt: Von Meran in Richtung Reschenpass auf der SS38 in den Vinschgau fahren; der große Parkplatz zum Schloss Juval liegt zwischen Naturns und Staben; von dort gibt es einen Shuttlebus (ab 9.40Uhr ca. alle 30Minuten, Mittagspause), der hinauf zur Burg fährt, oder man geht zu Fuß; selbst hinauffahren kann man nicht.
Öffnungszeiten: Von Ende März bis Anfang Juli und von 1. September bis Anfang November täglich 10–16 Uhr geöffnet, Mi Ruhetag, die Besichtigung ist nur mit einer Führung möglich
Preise: Erwachsene 8 €, Kinder von 6 bis18 Jahren 3 €, Familienticket 18 €, Shuttlebus Hin- und Rückfahrt 5 €
Einkehr: Etwas unterhalb des Schlosses liegt der Oberortl Schlosswirt Juval, sehr zu empfehlen vor allem wegen der feinen Nachspeise Vinschger Schneamilch, einer lokalen Spezialität
Information: Messner Mountain Museum Juval, Schloss Juval, 39020 Kastelbell Tel. +39/348/443 38 71 (nur zu den Öffnungszeiten) oder +39/0471/63 12 64, www.messener-mountain-museum.it

Hoch über dem Vinschgau thront das Schloss Juval

WANDERUNG entlang der WAALWEGE, die uns ebenfalls zum Schloss führt. Dafür parkt man das Auto am Stabener Bahnhof und folgt der Straße über die Brücke, dann rechts in den Ort hinein. Nach wenigen Schritten biegen wir links ab und steigen über drei Kurven hinauf zum Vinschger Höhenweg. Hier halten wir uns rechts und wandern nun immer ostwärts bald über den Schnalser Waalweg hinauf zum Schloss Juval. Der Rückweg erfolgt dann entweder mit dem Shuttlebus oder auf dem Hinweg oder ausgedehnter entlang der Wandermarkierung Nr. 3 in westliche Richtung über den Sonnenberg. Dort kann man für das Finale im Zick-Zack zum Stabener Waalweg absteigen und über Staben zurückkehren (400 Höhenmeter, 3 Std. wenn man die Runde über den Stabener Waalweg beendet).

TIPP

Direkt am großen Parkplatz gibt es den großen Bauernladen. Dort kann man sich nicht nur mit heimischen Bauernerzeugnissen eindecken, man bekommt auch Kaffee und leckeren Kuchen oder Brotzeiten.

6 Naturns und seine Kinderattraktionen

Ein Dorf für Familien

Auch wenn Naturns nicht explizit damit wirbt, so ist dieser Ort doch ein idealer Ausgangspunkt für Familien mit Kindern. Sowohl in Naturns als auch um Naturns herum gibt es viel zu erleben: Das Naturparkhaus Texelgruppe, das tolle Naturnser Erlebnisschwimmbad, der Stabner Erlebnisbahnhof oder Mountainbiketraining im Gelände.

Gleich neben dem Schwimmbad liegt das grasbewachsene Gebäude des kleinen NATURPARKHAUSES TEXELGRUPPE. Auf zwei Etagen kön-

Ausgangs-/ Endpunkt: Naturparkhaus Texelgruppe
Anfahrt: Von Meran aus ein Stück weiter in den Vinschgau Richtung Reschenpass fahren, so erreicht man Naturns; vor dem Tunnel abfahren in Richtung Ortsmitte, dort findet man in der Dorfmitte oder in der Feldgasse direkt beim Naturparkhaus und beim danebenliegenden Schwimmbad einige Parkplätze
Ausrüstung: Badesachen fürs Schwimmbad, bequeme Sportschuhe für den Klettergarten
Öffnungszeiten: Naturparkhaus von Mitte April bis Ende Oktober, täglich Di bis Sa 9.30–12.30 Uhr und 14.30–18 Uhr, Mo Ruhetag, im Juli/August auch So geöffnet; Erlebnisbad Naturns von Mitte Mai bis Mitte September täglich 10–19 Uhr
Preise: Naturparkhaus gratis, eine Spende ist gerne gesehen; Erlebnisbad Naturns Erwachsene 10,40 €, Kinder von 3 bis 13 Jahren 6,90 €, Tageskarte Familie 24 €, das Preissystem ist relativ kompliziert, die angegebenen Preise sind die teuersten, unter der Woche, für Einheimische, Gäste etc. ist es günstiger und es gibt auch Stunden- oder Nachmittagskarten
Einkehr: In Naturns gibt es mehrere Möglichkeiten, z. B. die Pizzeria Hofer, Am Graben 8, oder die urige Waldschenke, die etwas außerhalb von Naturns in Tschirland liegt, aber einen tollen Kinderspielplatz hat
Information: Naturparkhaus Texelgruppe, Feldgasse 3, 39025 Naturns, Tel. +39/0473/66 82 01; Erlebnisbad Naturns, Feldgasse 5, Tel. +39/0473/66 80 36, www.erlebnisbad.it oder www.naturns.it

Baden ist eine der Lieblingsbeschäftigungen der Kinder.

nen wir uns viel Wissen über die Flora und Fauna, aber auch über die einzelnen Lebensräume wie Felsen und KARE oder Quellflüsse des nahen Naturparks aneignen. Ausgestopfte Tiere sowie viele RÄTSEL UND MITMACHSTATIONEN laden zum genauen Erkunden ein. Eine Besonderheit im Haus ist der Wasserlauf, der sich von der Quelle bis zu einem kleinen BIOTOPWEIHER mit Kaulquappen, Molchen und Fröschen erstreckt. Im Sommer geht es jeden Dienstag für Kinder auf Spurensuche, es gibt aber noch jede Menge weitere KINDERWORKSHOPS zum Mitmachen. Mehr Informationen dazu findet man unter www.provinz.bz.it.

In derselben Straße liegt das NATURNSER ERLEBNISBAD, mit einer großen Freibadarena im Sommer, aber auch einem tollen Hallenbad für die kühleren Tage. Dort gibt es eine lange

TIPP

Noch ein Naturnser Highlight: Jeden Sonntagnachmittag von Anfang Mai bis Mitte Oktober zwischen 14 und 18 Uhr können Kinder und Jugendliche und Fans von Eisenbahnen auf dem ERLEBNISBAHNHOF in Staben wenige Kilometer westlich von Naturns am alten Bahnhof zum Schnalstal eine tolle Zeit verbringen. Man kann gemeinsam gegen eine kleine Gebühr mit einer Draisine fahren, auf der Minidampflok unterwegs sein oder die Schmalspurbahn erkunden. Es gibt auch eine Ausstellung rund um die Räthische Bahn.

Es gibt viel zu erforschen im Nationalparkhaus Texelgruppe.

RUTSCHE, Strudel, Massageliegen, Funbecken und eine umfangreiche Saunalandschaft. Letztere ist dann vor lauter »Wasser marsch« die Ruhezone und WELLNESS-OASE der Erwachsenen. Man muss sich eben in der Aufsicht seines wasserwütigen Nachwuchses abwechseln. Wobei Kinder grundsätzlich auch Zutritt zur Saunalandschaft hätten, was man ihnen aber hier nun besser nicht verrät!

Für größere Kinder von zehn bis 16 Jahren mit Lust auf wilde MOUNTAINBIKE ACTION gibt es am Naturnser Sportplatz einen Bike-Park. Jeden Mittwoch kann man sich dort nach Voranmeldung kräftig austoben. Unter professioneller Anleitung der Ötzi Bike Academy geht es drunter und drüber durchs Gelände. Fahrtechnisches Wissen wird spielerisch in eineinhalb Stunden mit lustigen Gleichgewichtsübungen, aber auch UP- UND DOWNHILL-Fahrten vermittelt. Start ist um 16.30 Uhr, Kinder zahlen 12 €, noch mehr Informationen gibt es unter www.oetzi-bike-academy.com.

Die Kirche und das Museum des heiligen Prokulus 7

Ein schaukelnder Heiliger

Zugegeben, dieser Tipp ist vor allem für Erwachsene sehr interessant, aber Kinder mit etwas Geschichtsbegeisterung sind von dem Besuch im kleinen Museum und der dazugehörigen Kirche fasziniert. Gerade Letztere ist kunsthistorisch gesehen ein absolutes Muss in Südtirol.

Am besten beginnt man seine Besichtigungstour in der kleinen Kirche ST. PROKULUS am Ortsrand von Naturns. Dieses kunsthistorisch einmalige Baudenkmal stammt aus dem 7. Jahrhundert. Aus dieser Zeit gibt es nicht mehr viele Kirchen, aber gerade im Vinschgau haben sich noch einige davon, wie in Laas, Tarsch, Burgeis oder Mals, erhalten.

Ausgangs-/ Endpunkt: St. Prokulus Kirche
Anfahrt: Von Meran aus ein Stück weiter in den Vinschgau Richtung Reschenpass fahren, so erreicht man Naturns; vor dem Tunnel abfahren in Richtung Ortsmitte, dort der Beschilderung zur kleinen St. Prokulus Kirche folgen; unterhalb davon und in der Dorfmitte gibt es einige Parkplätze
Öffnungszeiten: Von Anfang April bis Anfang November täglich Di bis So 9.30 12 Uhr und 14.30–17.30 Uhr, Mo Ruhetag
Preise: Kombiticket Museum mit Kirche Erwachsene 5,20 €, Kinder von 6 bis 14 Jahren 3,50 €
Einkehr: In Naturns gibt es mehrere Möglichkeiten
Information: St. Prokuluskirche, St. Prokulusstraße, 39025 Naturns, Tel. +39/0473/66 73 12 oder im Museum mit der gleichen Adresse, Tel. +39/0473/67 31 39, www.naturns.it

Die kleine Kirche St. Prokulus liegt etwas außerhalb des Dorfzentrums von Naturns.

Dabei ist St. Prokulus aufgrund der WUNDERBAREN FRESKEN besonders bedeutend. Die Fresken stammen aus vorkarolingischer Zeit, aus dem 8. Jahrhundert. Sie wurden von zwei verschiedenen Künstlern gemalt und sind bis heute, aufgrund nicht vorhandener Vergleichsarbeiten, nicht genau zu bestimmen. Sie sind vor allem deswegen so gut erhalten, weil sie übermalt worden sind und erst um 1880 wiederentdeckt wurden.

TIPP

Jeden Tag, außer Montag, gibt es in der Prokuluskirche um 10 Uhr und um 15 Uhr eine kleine, aber sehr empfehlenswerte Führung.

Die wohl berühmteste Darstellung ist die naiv gemalte Szene des Hl. Prokulus, der ein Stadtheiliger von Verona ist. Sie zeigt die FLUCHT DES HEILIGEN mithilfe einer Schaukel über die Stadtmauern von Verona. Besonders nett dabei sind die Zuschauer, die diese Szene verfolgen, aber auch der Zug der Rinder, deren Hörner fast in alle Richtungen abstehen und die von einem HECHELNDEN HIRTENHUND begleitet werden.

Nach der Kirchenbesichtigung können wir noch in das 2006 eröffnete kleine MUSEUM auf der anderen Seite der Straße gehen. Das interessante Gebäude führt in die Tiefe, unter die Erde. Das nimmt bereits das Thema, um das es in der Ausstellung geht, vorweg. In den Jahren 1985 und 1986 fanden rund um das Prokuluskirchlein wissenschaftliche AUSGRABUNGEN statt. Die überaus interessanten Funde, vor allem von einem Begräbnisplatz, der seit der Spätantike über 1000 Jahre bis ins 17. Jahrhundert benutzt wurde, geben bis heute Rätsel auf. Viele GRABBEILAGEN werden gezeigt, aber auch Haushaltsgeräte, Mühlsteine, Töpfereiarbeiten und Schmuck. Einzelne KNOCHEN der einstigen Bewohner sind ausgestellt, die Rückschlüsse auf deren Todesursache zulassen. Ebenso kann man sich die abgenommenen Wandmalereien aus dem 14. Jahrhundert ansehen, die die älteren Fresken überdeckt hatten.

Die Fresken zeigen diesen herrlich naiven Hütehund mit hechelnder Zunge …

Oben: … sowie den fliehenden Heiligen auf einer Schaukel.

8 Die Eisenbahnwelt Rabland

Südtirol in Miniatur

Die Eisenbahnwelt Rabland begeistert jedes Jahr an die 35 000 große und kleine Besucher. Man muss kein Modelleisenbahn-Liebhaber sein, um der Faszination dieser großen Anlage zu erliegen. Hier gibt es so viel zu entdecken, dass man gut und gerne einige Stunden in der Anlage verbringen kann.

Im Detail gibt es unglaublich viel zu entdecken …

Die Eisenbahnwelt Rabland erstreckt sich über mehrere Stockwerke. Während im Erdgeschoss neben der Kasse und dem Museumsshop ein GROSSER SPIELEBEREICH auf die Kleinsten wartet, drehen hier schon die ersten Züge in der Fantasie-MODELLLANDSCHAFT MITTELGEBIRGE ihre Kreise. Auf einer Fläche von über 35 Quadratmetern gibt es viel zu bestaunen.

Für die technisch Begeisterten unter uns muss man hinzufügen, dass die komplette Eisenbahnwelt im Maßstab 1:87 auf einer HO-Spur errichtet wurde. Und um die Fakten zu vervollständigen: Insgesamt wurden 800 METER

Ausgangs-/ Endpunkt: Eisenbahnwelt
Anfahrt: Von Meran aus ein Stück weiter in den Vinschgau Richtung Reschenpass fahren; nach dem Ort Töll/Partschins fahren wir in den kleinen Weiler Rabland; das Eisenbahnmuseum liegt direkt hinter dem großen Gasthof Hanswirt
Öffnungszeiten: Täglich Di bis So 10–17 Uhr, Mo Ruhetag, im November und Dezember nur So geöffnet
Preise: Erwachsene 9,50 €, Kinder von 6 bis 14 Jahren 7 €, Familienkarte mit einem Kind 20 €, mit bis zu drei Kindern 24 €
Einkehr: Gleich neben dem Museum gibt es den sehr guten und großen Hanswirt
Information: Eisenbahnwelt, Geroldplatz 3, 39020 Partschins/Rabland, Tel. +39/0473/52 14 60, www.eisenbahnwelt.eu

GLEISE verlegt und 70 ZÜGE sind im Einsatz. Davon fahren allein schon 40 Züge mit Waggons in der SÜDTIROLER ANLAGE, die einen Stock höher liegt. Sie ist größer und natürlich für alle Südtirol-Fans ein absolutes Muss. Der Rundgang führt uns vom Brenner über Sterzing und Brixen hinunter nach Bozen und von dort weiter über Meran in den Vinschgau. Jede Menge Gebäude, Kirchen, Burgen und Türme, aber auch die Seilbahnanlagen und die Industriedenkmäler setzen markante Zeichen. Mit unheimlich viel Liebe sind 7000 FIGUREN in der Anlage inszeniert. Immer wieder können die Besucher diverse KNÖPFE DRÜCKEN und somit verschiedene Aktionen, wie z. B. einen Unfall, ein Rockkonzert oder die Rittner Bahn auslösen.

Ein weiteres Highlight im Museum ist der TAG- UND NACHTEFFEKT, der in regelmäßigen Abständen durch das Abdunkeln des Raumes entsteht. Die zahlreichen Lichter tauchen die Anlage so in ein ganz neues Licht.

Das oberste Stockwerk ist für Sonderausstellungen reserviert. Aber natürlich dreht sich auch hier alles immer wieder um die Modellwelt. So gab es bereits Ausstellungen zu Panzer & Kanonen, Lokomotiven oder rund um JAMES BOND 007.

TIPP

Direkt vom Museum kann man übrigens noch auf dem wunderbaren Rablander Waalweg eine kleine Wanderung mit einer Länge von 3,5 Kilometern und einer Dauer von ca. einer Stunde unternehmen. Sie ist sogar kinderwagentauglich. Dafür steigt man zunächst in gut 15 Minuten zwischen den Häusern und Obstplantagen hinauf zum nordwestlichen Ende des Waalweges ganz in der Nähe der Einkehrmöglichkeit Happichler Hof und folgt dann dem fließenden Wasserlauf nach Osten. An dessen Ende geht es scharf rechts wieder hinunter nach Rabland.

… und man erkennt viele Gegenden Südtirols an ihren Wahrzeichen.

9 Am Partschinser Wasserfall

Mit Zuckerbrot und Peitsche

Wie schwierig es manchmal ist, Kinder zum Wandern zu bewegen, wissen wir alle. Heute bedarf es des berühmten Prinzips Zuckerbrot und Peitsche gar nicht. Der Wanderweg führt hinauf zum beeindruckenden Partschinser Wasserfall, dort locken als Zuckerl ein raffinierter Hochseilgarten und ein Bogenschützenparcours.

Die Wanderung führt zu einem der SPEKTAKULÄRSTEN WASSERFÄLLE SÜDTIROLS. Vor allem im Mai und Juni, wenn die Schneeschmelze ihren Höhepunkt erreicht, rauscht eine riesige weiße Wasserwand mehr oder weniger senkrecht die Felswand herab. Fast an die 100 Meter tief fällt der WASSERSCHLEIER. Wem diese Wanderung zu lange ist, der kann sich für 1,50 € mit dem Zubringerbus bis zum Gasthaus Birkenwald oder ganz hinauf bis zum Gasthaus Wasserfall fahren lassen.

Ausgangs-/ Endpunkt: Kirchplatz in Partschins
Anfahrt: Von Meran aus ein Stück weiter in den Vinschgau Richtung Reschenpass fahren, so kommt man direkt nach Partschins; entlang der Zehentstraße, diese führt Richtung Freibad, kann man den ganzen Tag gratis parken; eine gebührenpflichtige Tiefgarage gibt es am Ortsanfang unter dem Parkdeck beim Buswendeplatz
Höhenmeter: 450 m
Gehzeit: 2 Std. 45 Min.
Ausrüstung: Feste Schuhe sind von Vorteil
Öffnungszeiten: Hochseilgarten von März bis Oktober 9–17 Uhr, Teilnahme nur nach Anmeldung und nur in Begleitung eines geschulten Bergführers (Anmeldungen jeweils von 8–9 Uhr und von 17–18 Uhr); Bogenschießparcours Sa und So 10–17 Uhr
Preise: Hochseilgarten Erwachsene 25 €, Kinder 20 €, ab 3 Personen 20 % Rabatt; Bogenschießparcours 10 € pro Person, 5 € Verleih der Ausrüstung, verlorener Pfeil 3 € bis 5 €
Einkehr: Direkt an der Strecke liegen das Gasthaus Birkenwald und das Gasthaus Wasserfall
Information: Tourist-Info Partschins, Rabland, Töll, Spaureggstr. 10, 39020 Partschins, Tel. +39/0473/96 71 57, www.partschins.com

Alle Wanderlustigen starten vom Kirchplatz in Partschins und folgen der Markierung Nr. 39 auf dem Panoramaweg bis zur Hottlbrugg (Hängebrücke). Die Kinder lieben es, diese wackelige Brücke zu überqueren. Gleich nach der HOTTLBRUGG geht es rechts weiter auf dem ansteigenden Wanderweg Nr. 1 bis zur nächsten Brücke, die wieder auf die andere Seite des ZIELBACHS führt. Bald nach der Brücke quert man die Wasserfallstraße. Beim Einstieg in den PARTSCHINSER WAALWEG hält man sich links und folgt der Straße ein paar Meter bis zur Holzbrücke, die nun bis zum Gasthaus Birkenwald führt. Hier ist die erste Einkehrmöglichkeit und hier kann man sich auch die Bogen für den Bogenschießparcours ausleihen.

TIPP

Ein Teil der Wanderung führt über den Sagenweg. Infos für den Hochseilgarten Wasserfall gibt es beim Bergführer Bruno Kaserer, Tel. 0335/523 90 23.

Für den Hochseilgarten muss man sich vorher anmelden.

Bevor man sich jedoch in den BOGENSCHIESSPARCOURS stürzt, geht es noch hinauf bis zum Wasserfall. Links vom Gasthaus Birkenwald geht es auf breitem Weg über eine Brücke – vorbei am HOCHSEILGARTEN WASSERFALL, der mit 15 abenteuerlichen Balance-Etappen und vier Flying Fox lockt. Wer sich angemeldet hat, kann am Rückweg dort klettern. Jetzt ist es nicht mehr weit. Nach ca. zehn weiteren Gehminuten erreicht man den PARTSCHINSER WASSERFALL. Es lohnt sich, noch weitere zehn Minuten bis zum kinderfreundlichen Gasthaus Wasserfall zu steigen. Hier gibt es einen STREICHELZOO und die Aussichtsplattform am Wasserfall. Zurück geht man auf dem Hinweg oder über den Partschinser Waalweg und den Ortsteil Vertigen.

Was Sie trotz Kindern gesehen haben müssen

10 Mals und Glurns – im oberen Vinschgau

Der Vinschgau kann keine größeren Städte wie Bozen oder Meran aufweisen. Stattdessen ist es für seine alten romanischen Kirchen berühmt, die sich wie Perlen an einer Kette durch das ganze Tal bis hinüber nach Graubünden ziehen.

Das überregionale Tourismusprojekt zwischen der Schweiz und Italien bezeichnet den Vinschgau als Alpine Straße der Romanik, die STIEGEN ZUM HIMMEL. Das ist sicherlich ein sehr treffender Spruch, der die kulturellen und religiösen Besonderheiten dieser Gegend perfekt zusammenfasst. So finden wir heute im Vinschgau viele romanische Gotteshäuser wie das nahe Kloster Marienberg oder die Kirche in Naturns, die im ausgehenden Mittelalter entstanden sind. Daneben gibt es uralte Burgen wie die Churburg oder Schloss Juval, die die Alpenübergänge überwachten.
Neben Naturns ist vor allem der kleine Ort MALS für seine romanischen Kirchen bekannt. Das Dorf

Vom Tartscher Bühel blickt man auf Mals und die Berge um die Sesvenna im Vinschgau.

Ausgangs-/ Endpunkt: Mals bzw. Glurns
Anfahrt: Im Vinschgau Richtung Norden; Mals liegt direkt an der Vinschaguer Reschenpassstraße, Glurns nur wenige Kilometer vorher ein Stück in Richtung Müstair/Schweiz
Einkehr: In Mals gibt es die tolle Eisdiele Fritz mit eigener Konditorei und großer Sonnenterrasse in der Ortsmitte
Information: Tourismusverein Obervinschgau, St. Benediktstraße 1, 39024 Mals, Tel. +39/0473/83 11 90, www.ferienregion-obervinschgau.it

wird sogar SIEBENTÜRME genannt, von denen jedoch heute nur noch fünf stehen. Neben der Pfarrkirche gibt es die ST. BENEDIKTSKIRCHE, die Martinskirche, die Michaelskirche sowie die Kirche zu den Vierzehn Nothelfern. Einen Besuch sollte man vor allem der St. Benediktskirche abstatten. Deren Fresken sind mit die ältesten und stammen noch aus karolingischer Zeit, also ungefähr aus dem 9. Jahrhundert. Im Anschluss besucht man dann das kleine Städtchen GLURNS, das mit nicht einmal 1000 Einwohnern zu den kleinsten Städten im Alpenraum gehört. In Glurns können wir die fast vollständig erhaltene STADTMAUER besichtigen und durch die kurze, aber hübsche LAUBENGASSE schlendern, um so manchen Ansitz zu bestaunen. Dabei reicht die Geschichte des Ortes schon weit zurück. Gab es hier doch schon zu Zeiten der Römer eine wichtige Straßenkreuzung auf der berühmten VIA CLAUDIA AUGUSTA, die weiter über Tirol bis nach Augsburg verlief. In Glurns gab es jedoch noch zusätzlich einen Handelsweg, der in die heutige Schweiz führte.

Heute gibt es in Glurns einmal im Monat einen THEMENMARKT wie etwa den Allerseelenmarkt, den Feinschmeckermarkt, den Handwerksmarkt, den Herbstmarkt oder den Adventsmarkt »Licht, Düfte und Klänge«. Was wann genau los ist, erfährt man im Internet.

TIPP

Nach der Besichtigung all dieser Sehenswürdigkeiten kann man den Tag gut mit Kindern im Hallen- und Freibad Sport Well in der Glurnserstraße 7, Mals, ausklingen lassen.

Die Churburg sollte man ebenfalls besichtigen.

HEY KIDS,

wie wäre es mit der Besichtigung der CHURBURG? Das ist eine prächtige Burganlage mit einer großen Rüstungssammlung.

Das Kurhaus in Meran über der Etsch

MERAN UND DAS BURGGRAFENAMT

11 Ins Bunker-Mooseum

Kletterwände, Bunker und Steinböcke

Das Mooseum befindet sich in einem Bunkerbau aus den 40er-Jahren. Die Räumlichkeiten alleine sind schon sehr spannend. Neben der Geschichte des Dritten Reiches wird viel über die Natur und den Lebensraum im hinteren Passeiertal berichtet, denn es ist gleichzeitig eine Infostelle des Naturparks Texelgruppe.

> Kletterfamilien müssen ihre Ausrüstung selbst mitbringen. Es handelt sich nicht um eine Freizeitanlage. Geklettert wird auf eigenes Risiko.

Unheimlich und düster liegen ganz am Ende des Passeiertals mehrere Bunker im Berg vergraben. Sie wurden 1942 erbaut, zusammen mit weiteren 350 entlang des sogenannten ALPENWALLS, der Italien vor dem Deutschen Reich unter Hitler schützen sollte. Einer davon liegt am Ortsrand von Moos und ist heute ein Museum. Von außen sieht man nur einen HOCHMODERNEN GLASTURM, der direkt an einer Felsmauer steht und den Eingang zum Museum markiert. Entlang seiner Wände sind viele Klettergriffe angebracht, sodass das Gebäude gleichzei-

Ausgangs-/ Endpunkt: Bunker-Mooseum
Anfahrt: Von Meran Richtung Norden der Beschilderung zum Passeiertal auf die SS 44 folgen, am Talende links Richtung Timmelsjoch halten, dann kommt man nach Moos in Passeier; das Bunker-Mooseum ist ausgeschildert, es gibt einen Parkplatz in der Dorfmitte
Ausrüstung: Man braucht warme Jacken im Bunker, die können aber auch unkompliziert ausgeliehen werden
Öffnungszeiten: 15. April bis 31. Oktober täglich 10–18 Uhr, Mo Ruhetag
Preise: Erwachsene 4,50 €, Kinder von 6 bis 14 Jahren 2,50 €, Familienkarte 9 €
Einkehr: In Moos gibt es in unmittelbarer Nähe zum Museum einige Einkehrmöglichkeiten
Information: Bunker Mooseum, Dorf 29a, 39013 Moos in Passeier, Tel. +39/0473/64 85 29, www.bunker-mooseum.it

tig als KLETTERGARTEN dient. Im kühlen FELSSTOLLEN, den ehemaligen Lagerkammern des Bunkers, erwarten uns Fundstücke der Besiedlungsgeschichte. Geologische Besonderheiten von der Eiszeit bis in die Gegenwart werden erklärt. Natürlich wird auch der Alpenwall unter Mussolini und Hitler genauer beleuchtet.
177 Stufen führen steil hinauf zu den Stellungen im ehemaligen BUNKERTURM. Klanginstallationen, die in den engen Räumen schaurig hallen, verdeutlichen den Militäralltag. Die Sperrgruppe in Moos bestand aus sechs Anlagen, die einem Angriff der deutschen Truppen über das Timmelsjoch standhalten sollten. Wir befinden uns im Bunker Opera 3, der ursprünglich für vier Soldaten angelegt war. So zumindest lautete der Plan. Die Gefechtsstellungen kamen jedoch nie zum Einsatz, denn 1942 gab Mussolini dem Drängen Adolf Hitlers nach und stellte die Baumaßnahmen ein. So mussten sämtliche ANLAGEN DES APENWALLS nie einem Angriff standhalten, sind aber dennoch wichtige Zeitzeugen der militärisch geprägten Epoche des Dritten Reiches geblieben.
Seit 2010 ist der Bunker nun geöffnet, es wurde jedoch nicht viel verändert. Nur der Zugang auf die AUSSICHTSPLATTFORM, die oben auf der Anlage errichtet wurde, ist neu. Von hier hat man einen wunderbaren Blick auf den Ort Moos und die umliegenden Berge. Über eine lange Stahltreppe mit Stegen geht es dann wieder hinunter. Sie führt am Freigehege der acht STEINBÖCKE vorbei, die heute die Felsen erobert haben. Im Frühjahr gibt es meisten Nachwuchs in der kleinen Gruppe.

Nicht nur das Gebäude lässt sich beklettern, in den Felswänden gibt es weitere 18 Routen.

Oben: Vom Turm des Bunker Mooseums blickt man auf Moos in Passeier.

12 Zum Museum Passeier

Andreas Hofer und Helden wie Ihr

Das Museum Passeier entpuppt sich mit seiner beeindruckenden Ausstellung Helden & Hofer sowie Helden & wir als äußerst kinderfreundliches Haus, in dem man spielerisch in die Geschichte Tirols eintauchen kann.

> **TIPP**
> Im Sommer gibt es in dem kleinen Atrium Filmvorführungen oder Konzerte und natürlich jede Menge Kinder-Mitmach-Aktionen. Die genauen Termine findet man im Internet.

Als Erwachsener hat man mit Sicherheit schon einmal etwas vom großen Südtiroler Freiheitskämpfer ANDREAS HOFER gehört. Aber dann beißt es – bei den meisten – schon aus mit den Detailantworten. Wer hat gegen wen gekämpft? Wann war das Ganze noch mal? Und wieso musste alles so enden? Antworten darauf findet man im Museum Passeier, und die werden uns dort so spannend und interessant präsentiert, dass das Museum 2012 für den Museumspreis European Museums Award nominiert wurde. Das Museum befindet sich in einem Neubau direkt neben dem HISTORISCHEN

Ausgangs-/ Endpunkt: Museum Passeier
Anfahrt: Von Meran Richtung Norden der Beschilderung zum Passeiertal auf die SS 44 folgen oder von Sterzing über den Jaufenpass ins Passeiertal; in St. Leonhard in Passeier liegt das Museum direkt an der großen Straße neben dem Gasthof Sandwirt, hier findet sich ein Parkplatz
Öffnungszeiten: 15. März bis 2. November täglich 10–18 Uhr, Mo Ruhetag, im August und September sowie Oster-und Pfingstmontag Mo geöffnet
Preise: Erwachsene 8 €, Kinder von 6 bis 14 Jahren 4 €, Familienkarte 18 €
Einkehr: Gleich neben dem Museum liegt der Gasthof Sandwirt, hier gibt es ein sehr leckeres Südtiroler Tris mit Schlutzkrapfen, Spinatknödel und Käsenockerl
Information: Museum Passeier, Passeierstraße 72, 39015 St. Leonhrad in Passeier, Tel. +39/0473/65 90 86, www.museum.passeier.it

Ein herrlicher Radweg führt entlang der Passer von Meran bis St. Leonhard.

SANDWIRT an der Passeierstraße. Hier wurde 1767 der Freiheitskämpfer Andreas Hofer geboren.
Im Erdgeschoss des Museums dreht sich alles um Helden & Hofer. Dabei wird die oft schon pathetische Verherrlichung des Rebellenführers mit seinem HELDENMYTHOS durchaus auch mit einem Hauch von Ironie hinterfragt.
Kinder können sich gleich zu Beginn »ihren Helden« in Form von Anhängern aus einem Kästchen nehmen und ihn überdies noch mit Attributen wie »klug, mutig, stark oder schlau« schmücken.
Ein mit ZEICHENFIGUREN animierter Film erzählt aus dem Leben des Freiheitskämpfers Andreas Hofer. Über seine Herkunft und sein Familienleben geht es zur Geschichte, warum es zu einem Auf-

Gerade für etwas größere Kinder liefert die Ausstellung Helden & Wir tolle Impulse und regt zum Nachdenken an.

Oben: Leckere Südtiroler Spezialitäten gib es beim Sandwirt.

stand gegen Napoleons Truppen kam und vor allem, warum Andreas Hofer dazu auserkoren wurde, Paroli zu bieten. Der Film erzählt auch von den Zweifeln, die der sehr gläubige Passeier hatte, und geht sogar noch einen Schritt weiter, um die Frage zu klären, wie Helden entstehen und was wohl gewesen wäre, wenn Andreas Hofer in Mantua begnadigt worden wäre.

In den darauffolgenden Ausstellungsräumen dreht sich alles um Andreas Hofer, wie in einem Parcours durchschreiten wir die Räume auf den Spuren des Helden. Von der Stube seines Wirtshauses über die Rebellion zur Hofburg, durch das LABYRINTH seiner Zweifel an Gott und dem Kaiser bis zur Maschinerie der Heldenfabrik, die schließlich in einer Sammlung moderner Hofer-Fanartikel endet. Besonders einfühlsam fanden wir die fiktiven Berichte im Südtiroler Dialekt von Frauen, die in einem Monolog die damaligen Ereignisse aus der Sicht der Frauen erzählen.

Im oberen Stockwerk stellen wir uns dann selbst die Frage nach: HELDEN & WIR? Besonders ältere Kinder und Jugendliche können hier über ihre Helden und Vorbilder eigene Werte ergründen. Mit wundervollem philosophischen Gedankengut geht es durch den futuristisch anmutenden Raum mit den herabhängenden Helden-Kegeln.

Zum Abschluss können wir noch ins Freigelände des Museums spazieren. In dem kleinen FREILICHTMUSEUM liegt ein typischer Passeier Haufenhof mit seinen vielen Nebengebäuden wie Scheunen, Ställen, Backofen, Mühle, Kornkasten, einer kleinen Schmiede nebst einer noch funktionierenden Kegelbahn. In einer der Scheunen werden Filme über das bäuerliche Leben im Tal gezeigt.

Vogelflug und Schloss Tirol 13

Greifvogelflugschau und das Landesmuseum für Kultur- und Landesgeschichte

Heute gibt es eine gelungene Mischung für große und kleine Südtirol-Urlauber. Es beginnt mit einer kurzen, aber sehr aussichtsreichen Wanderung, die uns zum berühmten Schloss Tirol führt. Dieses ist äußerst sehenswert, noch besser locken kann man die Kinder mit der nahegelegenen faszinierenden Vogelflugschau.

Wir beginnen den heutigen Ausflug zunächst einmal mit einer kurzen, aber aussichtsreichen WANDERUNG. Zum Schloss Tirol gibt es keine Zufahrtsmöglichkeit. So können wir verkehrsberuhigt auf der kleinen geteerten Straße, gerne auch mit Kinderwagen, dorthin wandern. Dafür folgt

Ausgangs-/ Endpunkt: Schloss Tirol
Anfahrt: Auf der A 22 bis Autobahnausfahrt Bozen und über die mautfreie Schnellstraße nach Meran; dort der Beschilderung in Richtung Zentrum folgen, dann aber rechts halten und den Schildern in Richtung Passeiertal folgen; am Ortsende von Meran geht es links hinauf ins Dorf Tirol; dort finden sich einige größere, leider teure Parkplätze am Ortsanfang und in der Ortsmitte
Ausrüstung: In der Burg kann es mitunter kühl sein, leichte Jacken mitnehmen; der Platz für die Vogelflugschau liegt sehr sonnig, Sonnenschutz nicht vergessen
Öffnungszeiten: Pflegezentrum für Vogelfauna Di bis So 10.30–17 Uhr, Flugvorführungen 10.30 und 15.15 Uhr; Schloss Tirol Mitte März bis Anfang November täglich außer Mo 10–17 Uhr, ohne Voranmeldung gibt es täglich um 10.15 Uhr und um 14 Uhr eine Führung in deutscher Sprache
Preise: Pflegezentrum für Vogelfauna Erwachsene 9 €, Kinder von 6 bis13 Jahren 7 €, Schloss Tirol Erwachsene 7 €, Familienticket 14 €, ein Erwachsener und Kinder bis 14 Jahre 7 €, Kinder unter 6 Jahren sind frei
Einkehr: Direkt unterhalb des Schlosses liegt mit herrlicher Aussicht das Gasthaus Schloss Tirol und im Schloss selbst gibt es eine Cafeteria; im Dorf Tirol gibt es jede Menge Auswahl an Cafés, Eisdielen oder Gasthäusern
Information: Pflegezentrum für Vogelfauna, Schlossweg 25, 39019 Tirol, Tel. +39/0473/22 15 00, www.gufyland.de; Schloss Tirol, Schlossweg 24, 39019 Tirol, Tel. +39/0473/22 02 21, www.schlosstirol.it

man zunächst einfach der Hauptstraße im DORF TIROL und geht dann links in den Schlossweg. So gelangen wir gleich darauf an den WUNDERBAREN AUSSICHTSPUNKT und erblicken über den Weinanbaugebieten nicht nur Schloss Tirol, sondern auch die Brunnenburg. Im Tal liegt Meran und nach Westen sehen wir bereits in Richtung Vinschgau, wo die hohen Berge der Texelgruppe den Abschluss bilden.

Nur wenn es windstill ist, können die Falkner die Raubvögel fliegen lassen.

Oben: Die hübsche Schleiereule lässt sich bewundern.

Dann folgen wir weiter in nordwestlicher Richtung der Straße und wandern direkt auf das Schloss Tirol zu. Das große Schild »Falknerweg«, das nach links weist, irritiert, es betrifft uns nicht! Kurz vor dem Schloss müssen wir noch durch einen kleinen Tunnel. Dann haben wir unser Ziel erreicht. Jetzt gilt es zu entscheiden, ob wir zuerst die Burg besichtigen oder dem Vogelschutzzentrum den Vorzug geben.

SCHLOSS TIROL ist natürlich unter allen Burgen Südtirols ein absolutes Muss. Nicht nur, weil es sich hier um die Stammburg der Grafen von Tirol handelt und weil allein schon die SENSATIONELLE BURGANLAGE äußerst sehenswert ist. Obendrein befindet sich seit 2003 das Südtiroler Landesmuseum für Kultur-

und Landesgeschichte in den ehrwürdigen Gemäuern und spannt den Bogen weit von der Frühgeschichte bis zur Neuzeit. Viele Veranstaltungen runden den Besuch ab. So gibt es im Hochsommer einmal jährlich ein tolles MITTELALTERFEST.

Für das VOGELSCHUTZZENTRUM sollte man die Besuchszeit auf eine der beiden Flugvorführungen abstimmen. Man muss jedoch stets etwas früher dort sein, denn sonst sind die besten Plätze vergeben. Das Vogelschutzzentrum mit seiner Flugschau ist eine private Einrichtung. Hier kümmert man sich um alle gefundenen, verletzten und hilflosen WILDVÖGEL, die zum Teil aus ganz Südtirol hierher gebracht werden. Im Zentrum werden diese wieder aufgepäppelt und sobald als möglich freigelassen. Das glückt leider nicht mit allen Vögeln, viele sind oft zu schwer verletzt, aber die Quote von über 65 % ist Ansporn genug, es immer wieder zu versuchen.

Das Schloss Tirol liegt malerisch oberhalb von Meran in den Obstgärten.

Für uns Besucher ist natürlich die Flugschau das Spannendste. Willy Campei und Florian Gamper, die beiden Falkner, erzählen dabei viel Wissenswertes rund um ihre prächtigen RAUBVÖGEL. Man muss ganz ruhig sitzen bleiben, denn die Vögel fliegen hautnah über den Köpfen hinweg. Vor oder nach der Show kann man noch die Volieren besichtigen, die am Hang direkt unterhalb des Schlosses stehen.

14 Meran 2000 und der Alpin Bob

Sommerrodelbahn mit Suchtfaktor

Schon die Fahrt hinauf nach Meran 2000 gleicht einem Abenteuer. Aus der Welt der Palmen schweben wir in einer Großraumgondel über die tiefe Naifer Bergschlucht in eine Landschaft jenseits der 2000-Meter-Grenze. Dort erwartet uns Südtirols längste Sommerrodelbahn, die eigentlich Ganzjahresrodelbahn heißen müsste.

Es gibt mehrere Möglichkeiten, von Meran aus hinauf in die Meran 2000 Bergwelt zu gelangen. Eine Wanderung aus dem Tal dauert jedoch wirklich sehr lange und ist sogar den meisten Erwachsenen zu viel. Man kann

Ausgangs-/ Endpunkt: Bergbahn Meran 2000
Anfahrt: Von der A 22 über Bozen weiter nach Meran, Ausfahrt Meran Süd, dort der Beschilderung nach Meran 2000 in den Ortsteil Naif zur Talstation der großen Bergbahn folgen
Ausrüstung: Wir befinden uns auf knapp 2000 m Höhe, unbedingt eine warme Jacke einpacken, auch im Sommer kann es hier kühl sein; festere Schuhe sind auf jeden Fall von Vorteil, so kann man sich auch spontan noch zu einer Wanderung entscheiden
Öffnungszeiten: Bergbahn Meran 2000 von Mitte April bis Anfang November täglich 9–17 Uhr, im Juli und August 8–18 Uhr, Abfahrt alle 15 Minuten; Alpin Bob von Mitte April bis Anfang November täglich 10–16.30 Uhr, im Juli und August bis 17.30 Uhr
Preise: Bergbahn Meran 2000 Berg- und Talfahrt Erwachsene 16,50 €, Kinder bis 14 Jahre 10 €, Familienticket 39 €; Alpin Bob 1 Fahrt Erwachsene 4,50 €, Kinder 3 €, 5 Fahrten Erwachsene 20 €, Kinder 13,50 €, 10 Fahrten Erwachsene 39 €, Kinder 27 €
Einkehr: Panoramabistro Meran 2000 liegt direkt oberhalb der modernen Bergstation und hat eine große Sonnenterrasse; Berggasthof Pfiffinger Köpl am Alpin Bob
Information: Bergbahnen Meran 2000, Naiftalstraße 37, 39012 Meran, Tel. +39/0473/23 48 21, www.meran2000.com

Die rasante Fahrt mit dem Alpin Bob macht unglaublich viel Spaß.

auch mit dem Auto oder Bus über Hafling hinauf nach Falzeben fahren und dort vom großen Wanderparkplatz zu Fuß hinaufsteigen oder die kleine Umlaufbahn Falzeben benutzen. Viel spannender ist es aber, unweit des Zentrums von Meran in die GONDELBAHN MERAN 2000 einzusteigen und in nur sieben Minuten die 1310 Höhenmeter zu bewältigen. Die Bahn wurde 2010 in einer Rekordzeit von zehn Monaten für 17 Millionen Euro komplett neu erbaut und besticht allein schon durch die neueste Technik und die futuristisch anmutende Mittel- und Bergstation. Oben angekommen können wir uns entscheiden. Es gibt mehrere kindgerechte Wanderwege, z. B. in etwas mehr als 1,5 Stunden hinauf zum aussichtsreichen Mittager.

TIPP

Kinder von vier bis zehn Jahren dürfen nur in Begleitung eines Erwachsenen fahren. Der große Vorteil: Sie müssen so auch nichts bezahlen! Eine kostengünstige Familienangelegenheit, denn garantiert macht es zu zweit genauso viel Spaß, als wenn man alleine die Bahn hinunterdüst.

Der wunderbare moderne Kubus ist die futuristische Bergstation der Meran 2000 Gondel.

Familien mit kleineren Kindern werden gleich einmal im LUCKI KINDERLAND direkt über der Bergstation hängenbleiben. Im Sommer gibt es hier einige Ziegen und kleine Ponys sowie einen Spielplatz mit einem Wasserlauf.

Eines der ganz großen Highlights am Berg ist die unweit der Bergstation liegende RODELBAHN ALPIN BOB. Ein riesiger Spaß für Groß und Klein. Das Besondere daran ist, dass es sich nicht um eine reine Sommerrodelbahn handelt. Auch im Winter, während der Skisaison, kann man sich mit dem Rodelspaß vergnügen. Auf einer Länge von 1100 Metern geht es rasant über viele Kurven und WILDE SERPENTINEN abwärts. Die Bobs sitzen sicher und fest verankert auf den Edelstahlschienen. Das Gasgeben oder Bremsen hat man schnell heraus. Nur Kinder, die jünger als vier Jahre sind, dürfen überhaupt nicht mitfahren, auch nicht auf dem Schoß der Eltern. Familien, die auch kleinere Kinder dabeihaben, können sich abwechseln, RAST- UND SCHAUBÄNKE stehen unweit auf den Almwiesen. Es lohnt sich übrigens, gleich mehrere Fahrten zu kaufen, denn diese machen so viel Spaß, dass der SUCHTFAKTOR fast schon garantiert ist.

Nach dem wilden Freizeitabenteuer fährt man entweder erneut mit der Großraumgondel ins Tal. Viele Familien beenden ihren Tag aber doch noch mit einer Wanderung und steigen zu Fuß in 20 Minuten über die Zuegg Hütte hinunter nach Falzeben, von wo man bequem mit dem Bus zurück nach Meran fahren kann.

Erlebnis Kränzelhof 15

Die sieben Gärten zwischen Wein und Kunst

Dass Wein und Kunst ein geeignetes Thema für einen Familienausflug sind, lässt sich mit dem Kränzelhof belegen. In den wunderbaren Gärten, die sich je nach Tages- und Jahreszeit in verschiedenen Stimmungen präsentieren, kann man spielerisch Kunst erfahren und erleben. Das Ganze, vielleicht noch kombiniert mit einer hervorragenden Weinprobe für die Erwachsenen in der angegliederten Vinothek, ergibt eine rundum perfekte Seelenmassage.

TIPP

In Lana, genauer in der Pfarrkirche in Niederlana, steht der weltberühmte und kostbare Hans Schnatterpeck Altar, den man sich, außer sonntags im Rahmen der Hl. Messe, nur während einer Führung ansehen kann. Für kunsthistorisch Interessierte ein Genuss! Ende April bis Ende Oktober Mo bis Fr 10.30, 11.30, 15 und 16 Uhr, Sa 10.30 und 11.30 Uhr, Eintritt Erwachsene ab 2 €.

Es ist pure LEIDENSCHAFT und seine Lebensphilosophie, die den Besitzer des Kränzelhofs antreibt. Eine Passion für das

Ausgangs-/ Endpunkt: Erlebnis Kränzelhof
Anfahrt: Auf der Schnellstraße N 38 zwischen Bozen und Meran bis Ausfahrt Lana, ein Stück Richtung Westen/Lana, dann rechts nach Tscherms abbiegen; der Kränzelhof liegt noch vor dem eigentlichen Ortskern auf der linken Straßenseite
Öffnungszeiten: Ab Ende März bis Anfang November täglich 9.30–19 Uhr
Preise: Erwachsene 8 €, Kinder 4,90 €, mit der Familienkarte zahlen Kinder in Begleitung der Eltern nur 2,90 €
Einkehr: Zum Kränzelhof gehört das fantastische, aber auch gehobene Restaurant Mill, So und Mo Ruhetag; im nahen Lana gibt es den tollen und urigen Buschenschank Pfefferlechner, St. Martinsweg 4, gegenüber der Hl. Kreuzkirche in Mitterlana mit Spielplatz und Streichelzoo
Information: Erlebnis Kränzelhof, Gampenstraße 1, 39010 Tscherms, Tel. +39/0473/56 45 49, www.kraenzelhof.it

TIPP

Im Anschluss lohnt sich die Fahrt in den nahen Ort Lana, der für seine riesigen Obstanbaugebiete bekannt ist. Dort liegt das SÜDTIROLER OBSTBAUMUSEUM LANA im Brandis-Waalweg 4. Geöffnet März bis Ende Oktober Mo bis Sa 10–17 Uhr, Infos unter www.obstbaumuseum.it; in den Pfingst-, Sommer- und Herbstferien spezielle Führungen für Kinder und Familien; Preise: Erwachsene 4 € (mit GuestCard 3,50 €), Kinder 1,50 €, Familienkarte 10 €.

Im ganzen Garten gib es viele Kunstwerke zu entdecken.

Leben an sich, die Natur, den Wein und die Kunst. Eröffnet wurden die Gärten 2006. Der danebenliegende Ansitz, in dem die Familie des Besitzers ihren Wein produziert, ist dagegen schon fast 700 Jahre alt. Franz Graf Pfeil, der Besitzer, der die Gärten aus seinen privaten Mitteln errichten und nach eigenen Angaben planen ließ, erzählt von der Idee dazu: »Eigentlich wollte ich das PARADIES erschaffen. Aber das wäre dann wohl doch zu hoch gegriffen!« Wer die Kränzelhofgärten besichtigt, weiß hingegen, dass er auf einem guten Weg ist, ein irdisches Himmelreich umzusetzen.

Die Gärten sind immer noch im Entstehen, sie verändern sich, denn natürlich wächst und wandelt sich die Natur von Jahr zu Jahr. Überall trifft man auf lauschige SITZGELEGENHEITEN, hier kann man entspannen und entschleunigen, während die Kinder vielleicht lieber doch den richtigen Weg durch den LABYRINTHGARTEN suchen. Wir stoßen auf Kunstwerke, Flattertücher, geheimnisvolle Erlebnisboxen, sogenannte HIRNKAS-

Hier wächst der Rohstoff für die leckeren Weine.

TERL (die sind besonders reizvoll), oder große Schmuckstücke. Es gibt Klangspiele, ein Wiesen Atrium, einen AUSSICHTSHÜGEL MIT GROTTE und einen kleinen Teich, in dem man die Frösche quaken hört. Auf dem zwei Hektar großen Gartengelände werden auch Obst- und Rebsorten angebaut. Im Herbst, wenn die Früchte reif sind, ist NASCHEN ausdrücklich erlaubt.

Egal wo man sich niederlässt, die Aussicht über das Etschtal hinüber zu den mächtigen Bergen rund um Meran, allem voran der Blick auf den gespaltenen Zacken des Ifinger, ist großartig. Bei den Gärten ist es wie mit dem Wein des Kränzelhofs: Eigentlich lässt man nur die Natur arbeiten. Aber das macht diese mit Hilfe der Kränzelhof Familie auf eine sehr gute Art und Weise. So kann man die edlen Tropfen in Form von Rot- oder Weißwein in der Vinothek kosten und erwerben.

16 Zum Knottnkino am Rotsteinkogel

Ganz große Aussicht

Mit Popcorn und Eiskonfekt müssten wir uns schon selbst bewaffnen, wenn wir zum Knottnkino auf dem Rotsteinkogel wandern. Die werden natürlich nicht serviert, aber für eine mitgebrachte Brotzeit auf dem sagenumwobenen Felssprung oberhalb von Meran ist der Platz perfekt. Die Wanderung selbst ist sehr einfach, dafür ist die Aussicht umso fantastischer.

Wir starten etwas oberhalb des Gasthauses Grüner Baum, wo der Wanderparkplatz für die Tour zum Knottnkino liegt. Der Weg ist perfekt ausgeschildert und so wandern wir auf dem Schützenbrünnlweg entlang des TSCHÖGGELBERG-Hanges. Der Waldweg ist von vielen Wurzeln durchzogen und hin und wieder erhaschen wir freie Sicht über das Etschtal auf die gegenüberliegenden Berge. Nach 40 Minuten verlassen wir den Wald an einer großen Almwiese, an der mehrere Wanderwege zusammentreffen. Wir wenden uns nach links, das Knottnkino ist weiter ausgeschildert. An einem einsamen Hof stoßen wir auf eine Teerstraße. Geradeaus verläuft

Ausgangs-/ Endpunkt: Gasthaus Grüner Baum bei Vöran
Anfahrt: Von Bozen auf der mautfreien Schnellstraße nach Meran, Ausfahrt Terlan; Richtung Terlan, dann der Beschilderung nach Mölten über viele Kurven den Berg hinauf folgen, oben auf der Hochstraße über Mölten weiter nach Vöran; kurz vor dem Ort liegt das Gasthaus Grüner Baum auf der rechten Straßenseite, etwas oberhalb davon liegt ein kleiner Parkplatz im Wald
Weglänge: 7 km
Höhenmeter: 200 m
Gehzeit: 2 Std.
Ausrüstung: Leichte Wanderbekleidung, Sonnenschutz
Einkehr: Gasthof Grüner Baum, Leadneralm
Information: Tourimusverein Hafling–Vöran–Meran 2000, St. Kathreinstr. 2b, 39010 Hafling, Tel. +39/0473/27 94 57, www.hafling-meran2000.eu

unser Wanderweg zwischen einem engen hölzernen Zaun direkt auf den Rotsteinkogel zu. Wir besteigen den markanten PORPHYRFELSEN von seiner Ostseite aus.

Jetzt müssen die Kinder die Augen aufhalten, denn es gibt ein paar nette Kunstwerke, wie etwa das GEHÖRNTE VORFAHRTACHTUNGSSCHILD im Wald. Die Erwachsenen erfreuen sich bald an den ersten Aussichtspunkten.

Ganz auf der Westseite sind wir dann am KNOTTNKINO angekommen. Das von Franz Messner zur Milleniumswende installierte Kunstwerk ist ein beliebtes Wanderziel. In vier Reihen stehen klappbare Kinostühle mit Blick auf die wohl größte Leinwand der Welt. Auch wenn der Film sich je nach Tages- und Jahreszeit und je nach Wetter- und Lichtstimmung immer wieder ändert, es sind doch stets dieselben Hauptdarsteller: die SÜDTIROLER BERGE WESTLICH DES ETSCHTALES. Gut, dass es eine Panoramakarte gibt, die alle Gipfel genau erklärt.

Eine herrliche Aussicht erwartet uns, auch wenn die Sitzplätze manchmal heiß umkämpft sind.

Für den Rückweg steigen wir zunächst zurück bis zur Teerstraße. Auf ihr wenden wir uns nach rechts und wandern nun bergab, der Beschilderung Vöran folgend. Am Eggerhof stoßen wir auf eine größere Fahrstraße, die wir etwas nach links überqueren. An der Leitplanke beginnt rechts davon ein schmaler Wanderweg, der bergab über eine Brücke und dann mitten über eine Wiese verläuft. Wir passieren einen einsamen Hof, marschieren

TIPP

Wer Lust auf eine größere Runde hat, steigt vom Knottnkino zurück bis zur Almwiese oberhalb der Teerstraße. Dort folgt man der Beschilderung zur LEADNER-ALM, Weg Nr. 11. Das sind zwar noch einmal 200 Höhenmeter extra, aber die Aussicht von der sonnigen Terrasse des Berggasthofes ist wunderschön. Über den Wanderweg Nr. 16 kann man dann direkt zum Ausgangsort absteigen.

geradeaus weiter und treffen nach ein paar weiteren Häusern kurz vor Vöran auf die Fahrstraße. Etwas nach rechts versetzt, vor der kleinen Fußgängerbrücke, beginnt auf der anderen Straßenseite wieder ein Wanderweg. Wir folgen nun dem Rundweg Beimsteinkogel. Der Forstweg steigt noch einmal an, wendet sich dann nach rechts und führt entlang einer Wiese mit schöner Aussicht zurück zum Parkplatz am Grünen Baum.

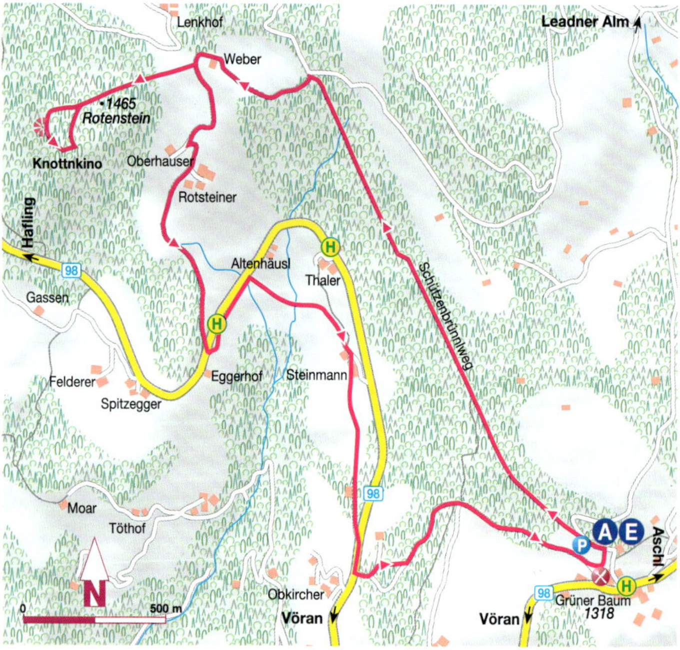

Auf dem Saurierweg 17

Im Deutschnonstal zwischen Besinnung, Dinosauriern und Bunkern

Eine für die ganze Familie spannende Wanderung auf den Spuren der Dinosaurier, die hier im Deutschnonstal ihre Spuren hinterlassen haben.

Direkt gegenüber der Kirche startet in nördlicher Richtung der WANDERWEG, der sich auch Schöpfungsweg nennt und neben den Dinosauriern auch zu einer besinnlichen Wanderung einlädt. Gleich am Beginn wartet der erste DINOSAURIER, zum Glück aus Hartschaumplastik, auf uns. Vor vielen Millionen Jahren lebten Dinosaurier in der Gegend. Wobei man dazu sagen muss, dass es damals die Alpen noch gar nicht gab. Stattdessen lebten die Dinosaurier auf einer Insel, die von einer Lagune umgeben war. Sie hinterließen FUSSABDRÜCKE, die man ganz zufällig 1997

Ausgangs-/ Endpunkt: Kirche Unsere Liebe Frau im Walde in Deutschnonsberg
Anfahrt: Von der gebührenfreien Autobahn zwischen Bozen und Meran über die Ausfahrt Lana nach Lana fahren; dort der Beschilderung zum Gampenpass folgen; das erste Dorf nach dem höchsten Punkt, dem Gampenpass, ist Unsere Liebe Frau im Walde
Tourencharakter: Unschwieriger Weg, der auch mit dem Kinderwagen befahren werden kann, wobei er am Anfang relativ steil aufwärts führt
Weglänge: 4,3 km
Höhenmeter: 170 m
Gehzeit: 1 Std. 30 Min.
Ausrüstung: Leichte Wanderbekleidung
Öffnungszeiten: Gampen Gallery Mitte Juni bis Mitte September Sa und So 10–12 Uhr und 14–18 Uhr, nur im August zusätzlich Mo bis Do 14–18 Uhr
Preise: Eintritt Ausstellung 2 €; Eintritt und Führung im Bunker Erwachsene 8 €, Kinder bis 14 Jahre 4 €
Einkehr: Das Gasthaus zum Hirschen liegt direkt neben der Kirche in Unsere Liebe Frau im Walde in Deutschnonsberg
Information: Tourismusbüro Deutschnonsberg, Tel. +39/0473/53 00 88, www.ultental-deutschnonsberg.info

Die Kirche Unsere Liebe Frau im Walde ist der Ausgangspunkt der Wanderung.

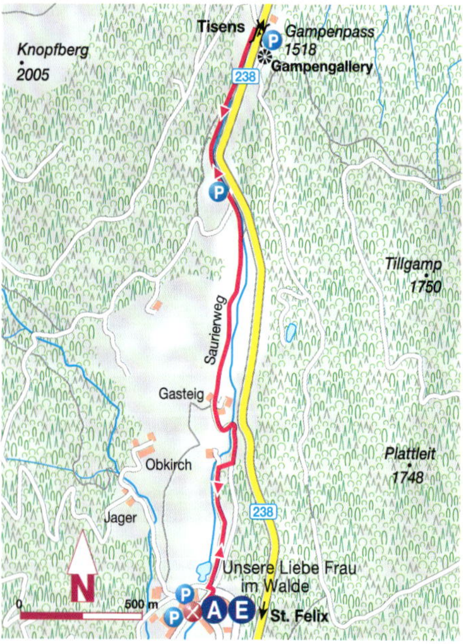

unweit des Gampenpasses entdeckte. Manche von diesen Urzeitriesen hatten sogar Krallen. Hierher kamen die Abdrücke natürlich nur, weil sie, als das Land zu den Alpen aufgefaltet wurde, dorthin geschoben wurden.

Deshalb hat man schließlich im DEUTSCHNONSTAL diesen Dinosaurier-Lehrpfad angelegt. Auf diesem Weg treffen wir in regelmäßigen Abständen immer wieder auf große Informationstafeln, die uns alles über die interessanten Urzeittiere, ihre Lebensweise, aber auch über den damaligen Zustand der hiesigen Landschaft ausführlich er-

Dieses mittelgroße Ungeheuer steht gleich am Beginn des Weges.

klären. Schließlich erreichen wir den GAMPENPASS und die letzte Station des Saurierweges.
Bevor wir uns auf den Rückweg, der auf dem Hinweg verläuft, machen, können wir aber noch die GAMPENGALLERY besichtigen. Dort gibt es eine permanente Fotoausstellung über Bergvölker zu sehen, ebenso eine große Mineralienausstellung. Einen Teil der BUNKERANLAGE kann man alleine besichtigen, viel mehr zu sehen bekommt man jedoch im Rahmen einer Führung.
Die verwinkelte Bunkeranlage sollte den Pass im Zweiten Weltkrieg sichern und wurde im Rahmen des ehrgeizigen ALPENWALL-Projekts durch Mussolini errichtet. Der Gampenpass gilt als einer der ältesten Übergänge zwischen dem Etschtal und dem Deutschnonsberg.

TIPP

Nach der Wanderung sollte man noch unbedingt einen Blick in die WALLFAHRTSKIRCHE des Orts werfen. Unsere Liebe Frau im Walde, nach der ja das ganze Dorf benannt wurde, ist ein beliebter Pilgerort und besitzt überdies einen wunderbaren gotischen Hochaltar.

Was Sie trotz Kindern gesehen haben müssen

18 Meran – Lauben, Burgen, Ansitze und eine moderne Therme

Zweimal verfallen und dreimal erblüht, so könnte man die Geschichte Merans zusammenfassen. Nach jedem Niedergang erhob sich Meran erneut und erfand sich selbst neu und dabei jeweils umso schöner und zeitgenössischer. Auch heute präsentiert sich Meran weltoffen, modern und wandelbar.

Im MITTELALTER war Meran die Hauptstadt und das wirtschaftliche Zentrum von ganz Tirol. Als Herzog Friedrich mit der leeren Tasche zu Beginn des 15. Jahrhunderts seine Residenz nach Innsbruck verlegte, begann

Ausgangs-/ Endpunkt: Passer Promenade am Kurhaus Meran
Anfahrt: Auf der A 22 bis Autobahnausfahrt Bozen, über die mautfreie Schnellstraße nach Meran; dort der Beschilderung ins Zentrum folgen, ein guter Parkplatz liegt unter den Thermen von Meran, auf der südlichen Uferseite der Passer; dieser Parkplatz ist sehr zentral und nahe der Altstadt
Ausrüstung: Wechselkleidung für die Kinder, falls sie beim Spielen an der Passer nass werden; Badesachen, wenn man in die Meraner Therme möchte
Öffnungszeiten: Burg von Anfang März bis Ende Dezember Di bis Sa 10–17 Uhr, So und Feiertage 10–13 Uhr, Führungen auf Anfrage unter Tel. +39/0473/25 03 29; Therme Meran ganzjährig von 9–22 Uhr, Pools im Sommer im Park nur bis 20 Uhr, wobei man immer etwas früher aus dem Wasser muss; Saunabereich ab 14 Jahren und nur in Begleitung eines Erziehungsberechtigten
Preise: Nur für die Therme ohne Sauna an Wochentagen Zweistundenkarte Erwachsene 12,50 €, Kinder von 6 bis 13 Jahren 8,50 €, Tageskarte Erwachsene 18,50 €, Kinder 11,50 €, Familienkarte 18 €, am Wochenende etwas teurer
Einkehr: In Meran gibt es unzählige Möglichkeiten einzukehren, vom Gourmettempel bis hin zur Handpizza; viele nette kleine Eisdielen liegen entlang des Corso della Liberta, der Freiheitsstraße
Information: Kurverwaltung Meran, Freiheitsstr. 45, 39012 Meran, Tel. +39/0473/27 20 00, www.meran.eu

ein Niedergang der Stadt, der erst endete, als im 19. Jahrhundert die Touristen die Stadt entdeckten. Vor allem deswegen, weil Kaiserin Elisabeth, SISI, in Meran zweimal den Winter verbrachte. Damals wollte natürlich die ganze Welt in dem Kurort verweilen, wo sich die Crème de la Crème der Königshäuser aufhielt.

An der Meraner Therme gibt es ein Café.

Bis 1914 war Meran die erste Kurstadt des Kaiserreiches, eine Blüte, die jäh mit dem Ersten Weltkrieg endete. Erst gut 50 Jahre später begann durch geschickte Investitionen und ein modernes Marketing ein erneuter Aufstieg zu einem Zentrum des modernen Fremdenverkehrs.
So ist bis heute eine Besichtigung der Kurstadt ein absolutes Muss für jeden Südtirol-Urlauber. Aber keine Angst, auch Kinder kommen bei unserem Spaziergang auf ihre Kosten und wir Erwachsenen dürfen so ganz nebenbei die Kunst und Kultur dieser Stadt erkunden.

AM KURHAUS an der Passerpromenade beginnen wir unseren Weg durch Meran. Der große Hauptbau ist kurz vor dem Ersten Weltkrieg entstanden und durch den damals hochmodernen Jugendstil der Wiener Secession bestimmt. Das Kurhaus ist inzwischen zum Wahrzeichen von Meran geworden, man betritt es durch die große Rotunde, die als Empfangsraum dient. Rechts ist der große Kursaal angebaut, der mit hochrangigen Konzerten, Bällen, Modenschauen und Kongressen das ganze Jahr gut belegt ist. Weltberühmt ist die Akustik des Saals, die feinste Orchesterklänge noch präzise differenziert.

Vom Kurhaus gehen wir ein kurzes Stück die Passer flussaufwärts, bewundern die üppigen Blumenarrangements der zahlreichen Meraner Gärtner, biegen an der Postbrücke links in die Altstadt ab und steuern

auf die Pfarrkirche ST. NIKOLAUS zu. Die Kirche weist wegen ihrer langen Bauzeit sämtliche Stilrichtungen der Gotik auf. Das zeigt sich allerdings für Besucher, die nicht zufällig Kunstgeschichte studiert haben, nur auf den zweiten Blick oder noch besser bei einer Führung, die man aber im Voraus buchen müsste. Hier beginnt die lange LAUBENGASSE, die ähnlich wie die Lauben in Bozen das große und alte Einkaufszentrum der Stadt ist. Es ist kein Zufall, dass solche Gassen mit Lauben unter den Häusern, die man auch entlang der Innstädte in Tirol und Bayern findet, Einkaufszentren sind. Südlich des Brenners stehen dabei die Häuser eng beisammen, das hält im Sommer die Gluthitze der südlichen Sonne ab. Im Norden stehen sie weiter auseinander und bilden einen länglichen Marktplatz. Auf der überdachten Straße konnte man all die Waren anbieten, die keinen Regen vertrugen.

Etwa in der Mitte der Laubengasse fällt das martialische RATHAUS auf, das in faschistischer Zeit entstanden ist. Wir nutzen es nur, um den Durchgang zu finden, der uns zu einem weiteren Kleinod in Meran führt, das sehr oft übersehen wird. Es ist die LANDESFÜRSTLICHE BURG VON TIROL, die man sich dem Namen nach definitiv größer vorstellen würde. Das Gefühl trügt nicht, denn der eigentliche Tiroler Herrschersitz war Schloss Tirol, das ein gutes Stück außerhalb Merans liegt. Ursprünglich war die Burg der Wohntrakt des fürstlichen Kelleramtes, den Herzog Sigmund der Münzreiche rasch zu einem kleinen Wohnschloss umbauen ließ, damit seine frisch angetraute Gattin Eleonore, die immerhin Schwester des schottischen Königs Jakob II. war, nicht im unbequemen Schloss Tirol nächtigen musste. Die winzig kleine Burg mit dem wuchernden Efeu erinnert eher an ein MÄRCHENSCHLOSS als an eine Verteidigungsanlage. Der kriegerische Eindruck, den die Schießscharten, die mit Eisen beschlagenen Tore und die Zin-

nen machen, war immer nur Schau. Die Burg wurde nie belagert und war auch nicht dazu eingerichtet. Aber man konnte sich im 15. Jahrhundert einen herrschaftlichen Wohnsitz eben auch nicht anders vorstellen. Gegen Eintritt sind die schönen Räume des Hauses zu besichtigen. Unvorstellbar, dass der im 15. Jahrhundert reichste Mann Europas mit seiner Gattin, immerhin eine Königstochter, so einfach lebte! Von der Burg gehen wir am besten in die Laubengasse zurück und vollenden unseren Einkaufsbummel. Am KORNPLATZ wenden wir uns nach links und kommen zum Theaterplatz, an dem das kleine STADTTHEATER steht. Es ist mit seinen weniger als 300 Sitzplätzen ein intimes Theater, so, wie sie im österreichischen Kaiserreich allenthalben im 19. Jahrhundert entstanden sind. Jeder Theaterabend gibt dem Zuschauer das Gefühl, direkt in das Geschehen auf der Bühne mit eingebunden zu sein. Nach Karten frägt man im Touristenbüro Meran. Das Theater ist an das Kurhaus angebaut, wir sind also damit am Ausgangspunkt zurück. Doch jetzt haben sich die Kinder auch eine Pause verdient. Wir brauchen nur die Passer zu überqueren. Gleich am anderen Ufer liegen die wunderbaren, vom Stararchitekten Matteo Thun erbauten MERANER THERME. Die versprechen feinstes Badevergnügen mit 15 Innen- und Außenpools und einem Themenpark im Sommer. Dazu Wellness jeglicher Art in Form von Saunen, Dampfbädern oder Kosmetik für die Erwachsenen.

TIPP

Einen wunderschönen Spaziergang kann man nördlich, oberhalb der Altstadt auf der TAPPEINER PROMENADE unternehmen. Mit schönen Aussichten über die Stadt und die umliegenden Berge geht es zwischen herrschaftlichen Ansitzen und Weinbergen fast eben und verkehrsfrei dahin.

Üppig blühen die Blumenbeete an der Passerpromenade.

Zartes Grün sprießt in den Weingärten
des Südtiroler Unterlandes bei Eppan.

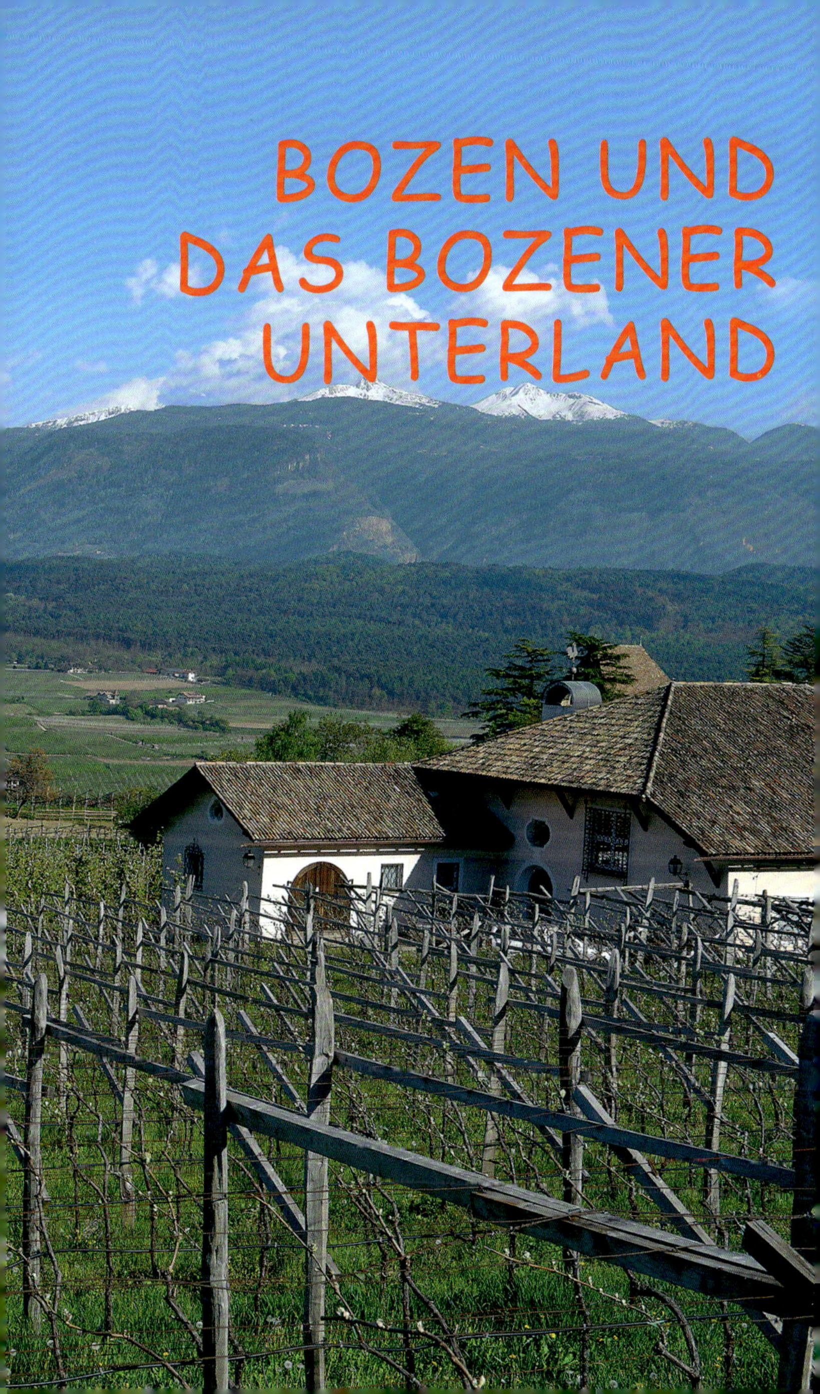
BOZEN UND
DAS BOZENER
UNTERLAND

19 Auf dem Urlesteig im Sarntal

Erlebnisreiche Bergab-Bergtour

Der Urlesteig im Sarntal bei Reinswald ist ein äußerst abwechslungsreicher und gerade für Kinder erfreulich kurzweiliger Wanderweg, der über den ganzen Berg angelegt wurde. So kann man je nach Kondition der Kinder zwischen zwei oder drei verschiedenen Strecken wählen.

Ob KLETTERMAXE, Badenixen, BERGZWERGE, Seepiraten, LATSCHENFELD-EROBERER oder Sagenlauscher – alle haben ihren Spaß auf dieser Wanderung. Ganz bequem und ohne jeden Schweißtropfen

Ausgangs-/ Endpunkt: Reinswalder Kabinenbahn
Anfahrt: Auf der A 22 bis Autobahnausfahrt Bozen Nord; der Beschilderung ins Sarntal folgen, dort in nördliche Richtung durch den Hauptort Sarnthein hindurch, dann teilt sich die Talstraße; wir halten uns rechts ins Durnholzertal und folgen dort erneut rechts der Beschilderung nach Reinswald; der Lift und seine Parkplätze liegen oberhalb des Ortskerns
Weglänge: Pichlberg–Pfnatschalm–Sunnolm–Tal 4,3 km; Pichlberg–Gedrumalm–Mühlen 9,2 km
Höhenmeter: Pichlberg–Pfnatschalm–Sunnolm–Tal 555 m Abstieg; Pichlberg–Gedrummalm–Mühlen 150 Aufstieg, 700 m Abstieg
Gehzeit: Pichlberg–Pfnatschalm–Sunnolm–Tal 1 Std.10 Min.; Pichlberg–Gedrumalm–Mühlen 2 Std. 45 Min.
Ausrüstung: Wanderausrüstung, wir sind über der 2000-Meter-Grenze; kleines Handtuch, wenn die Kinder im Wasser spielen
Öffnungszeiten: Die Bahn fährt von Mitte Juni bis Anfang Oktober, 8.30–12.30 Uhr und 13.30–17.30 Uhr
Preise: Einfache Bergfahrt Erwachsene 7,50 €, Kinder 6 €, Jugendliche 6,50 €
Einkehr: Unterwegs mehrere Möglichkeiten wie auf der Pfnatschalm, der Sunnolm, der Gedrumalm oder bei den Reinswalder Mühlen
Information: Tourismusverein Sarntal, Kirchplatz 9, 39058 Sarnthein, Tel. +39/0473/62 30 91, www.sarntal.com

Wasserspiele sind immer sehr beliebt bei Kindern und dafür sollte man auch sehr viel mehr Zeit einplanen.

schweben wir in wenigen Minuten mit der REINSWALDBAHN zu unserem Ausgangspunkt auf den 2130 Meter hoch gelegenen Pichlberg. Hier beginnt der URLESTEIG, der durchgängig mit einem lustigen Zapfenmännchen, das einen typischen Sarntaler Hut trägt, ausgeschildert ist.

Der Urlesteig ist in mehrere Teilstrecken unterteilt. Das erste Teilstück ist das kürzeste und führt zum Thema WASSER in nur 15 Minuten bis zur Pfnatschalm. Das lässt sich auch einfach mit dem Kinderwagen fahren. Am rauschenden Bergbach laden Wasserräder zum Spielen ein und ein FLOSS wartet auf unsere

TIPP

Wer Lust auf stillere, aber trotzdem ereignisreiche Kinderwandertouren hat, kann im Sarntal zum kleinen Weiler Aberstückel, der nördlich von Sarntheim liegt, in Richtung Penser Joch fahren. Dort gibt es den äußerst netten SARNTALER SAGENWEG, der an neun Sagenstationen vorbei in einer knappen Stunde zur Duralm führt. Eine schöne und absolut kostenfreie Alternative ohne Bergbahnunterstützung.

Wunderbare Fresken erzählen aus dem Leben des Hl. Nikolaus in der gleichnamigen Kirche am Durnholzer See.

BERGPIRATEN. An der Pfnatschalm gibt es neben Esel und Ziegen einen super leckeren Apfelstrudel auf der sonnigen und aussichtsreichen Terrasse. Für den Kinderwagen ist hier aber Schluss, am besten kehrt man zur Bergstation zurück und fährt wieder ins Tal hinab. Von der Pfnatschalm führt das zweite Teilstück für Wanderer in Richtung Tal, dort erfährt man alles zum Thema **WILDTIERE IM SARNTAL**. Die überdimensionale **KÖNIGSLIBELLE** ist ein herrlicher Spielplatz und Kletterspaß entlang der Strecke, die zur Sunnolm führt. Etwas unterhalb liegt der kleine **SEE URLELACK**, von dem dieser Erlebnisweg seinen Namen bekommen hat. Er gilt als geografischer Mittelpunkt Südtirols. Von dort steigt man schließlich ganz bergab ins Tal zurück und freut sich über die tolle Wanderung.

Kinder lieben die Geschichten, die in der kleinen Holzhütte erzählt werden.

Familien mit etwas größeren und ausdauernden Kindern können eine dritte Strecke wählen, die von der Bergstation aus in östlicher Richtung verläuft. Diese **PANORAMATOUR** ist ebenfalls ein Teilstück des Urlesteigs, der unter dem Motto **SARNER GESCHICHTE UND KULTUR** von der Bergstation über die Getrumalm abwärts durch das Mühlental zurückführt. Entlang des Weges kann man in einer kleinen Hütte den Sarner Almgeschichten zuhören. Auch hier kommen Wasserspiele nicht zu kurz, alte Bewässerungssysteme werden erklärt. Wir dürfen durch das **LATSCHENLABYRINTH** irren, wo es auch ein Klettereck für Kinder gibt und das uns direkt zur Getrumalm führt. Hier können wir dann schon das erste Mal einkehren.

Der Abstieg zu den Reinswalder Mühlen führt an der raffinierten und doch sehr einfachen Zirbenkapelle vorbei. Der Hof Reinswalder Mühlen ist unser nächstes Ziel. Dort können wir den leckeren **HOFKÄSE** und hausgemachte Kuchen kosten. Bis zum Ausgangspunkt zurück an der Talstation der Reinswaldbahn sind es nun nur noch 15 Minuten.

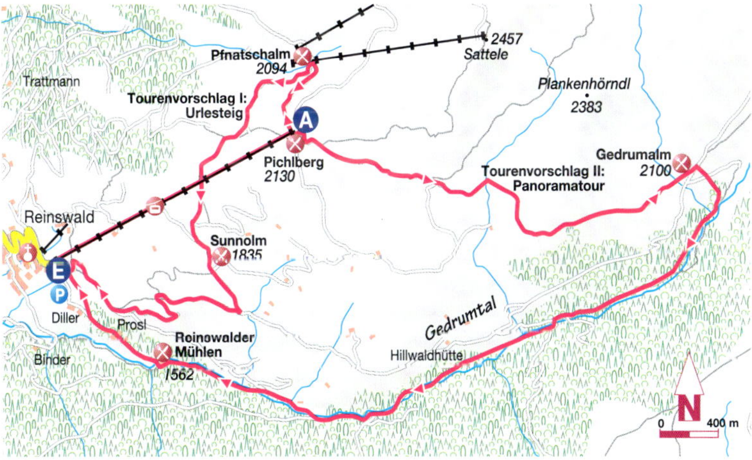

20 Auf dem Sagenweg am Salten

Hexengeschichten zwischen knorrigen Lärchenbäumen

Weinende Teufel, eine versunkene Stadt oder die Butterhexe von Afing – wir müssen uns nur Zeit nehmen und all die wunderbaren Geschichten von Infotafeln vorlesen, die sich hier rund um den Salten zugetragen haben sollen.

Da wandern Kinder fast von allein, wenn sie wissen, dass in geeigneten Abständen immer wieder angehalten wird, damit sie von den Infotafeln interessante und unheimlich spannende Sagen vorgelesen bekommen. Zwölf der schönsten **SAGEN**, von denen es rund um Jenesien und seinem Tschöggelberg fast 200 verschiedene gibt, wurden von einem ehemaligen Lehrer als Sagenweg angelegt. So führt diese kindgerechte Wanderung,

Ausgangs-/ Endpunkt: Reiterhof Edelweiß
Anfahrt: Auf der A 22 bis Autobahnausfahrt Bozen Nord oder Süd; der Beschilderung zunächst ein Stück Richtung Zentrum, dann der Beschilderung in Richtung Sarntal/Jenesien an den nördlichen Stadtrand folgen; bevor man zur Burgruine Runkelstein am Beginn des Sarntals gelangt, fährt man links über viele wilde Kurven hinauf nach Jenesien; dorthin führt übrigens auch eine Seilbahn von Bozen aus, aber dann ist der zusätzliche Anmarsch zu lang; wir fahren am Ort Jenesien vorbei und folgen der Straße in Richtung Flaas; knapp 750 m hinter Jenesien gibt es an den Sportplätzen die ersten Wanderparkplätze; wer einkehrt, kann bis zum Gasthaus Edelweiß fahren
Weglänge: 10 km
Höhenmeter: 220 m
Gehzeit: 3 Std.
Ausrüstung: Leichte Wanderbekleidung
Einkehr: Der Berggasthof Edelweiß lohnt sich für eine Einkehr, der sehr rührige Wirt und sein Team betreiben den Gasthof mit großer Leidenschaft schon in der dritten Generation
Information: Tourist-Info Jenesien, Schrann 7, 39050 Jenesien, Tel. +39/0473/35 41 96, www.jenesien.net

Fast flache Wanderwege führen über die Lärchenwiesen des Salten.

die man auch hervorragend mit dem Kinderwagen bewältigen kann, über eine der SCHÖNSTEN SÜDTIROLER LÄRCHENWIESEN auf dem Hochplateau des Salten. Diese werden im Sommer auch als Almweiden genützt, wobei die schönste Jahreszeit für diese Tour der Herbst ist. Dann leuchten die orangeroten Lärchen wie brennende Fackeln gegen den Südtiroler Himmel und setzen ein

TIPP

Mit kleineren Kindern kann man die Wanderung gut vom Gasthaus Edelweiß starten. Der Wirt stellt seinen Gästen Parkplätze zur Verfügung, es versteht sich von selbst, dass man dann aber auch dort im Anschluss der Tour einkehrt. Der Wanderweg von den Sportplätzen führt auf einer Länge von etwas mehr als einem Kilometer über die steile Zufahrtsstraße hinauf.

Am Ritter vom Sauschloss beginnt der Sagenweg.

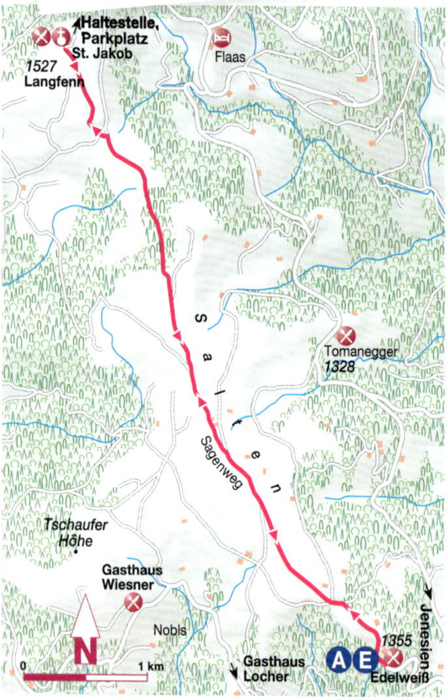

letztes Zeichen vor dem herannahenden Winter. Aber auch im Frühjahr ist ein Besuch des Salten lohnenswert, dann blühen zahlreiche Krokusse unter den verstreut stehenden Lärchen.

Beginnen wir unsere Wanderung auf den Sagenweg vom Gasthof Edelweiß aus und folgen einfach weiter der kleinen geteerten Straße auf dem Wanderweg E 5 den Berg hinauf. Nach gut zehn Minuten erreichen wir die erste Sagenstation **SAUSCHLOSS**, wo uns ein Ritter der Burg Greifenstein begrüßt. Nun wird der Weg flacher und wir wandern weiter stets der Beschilderung auf den Salten folgend. Die kleine Almstraße führt vorbei an den eingezäunten Weidewiesen, auf denen die mächtigen Lärchen stehen. Nach Lust und Laune kann man die Wanderung z. B. bis nach Langenfenn (insgesamt eineinhalb Stunden) gehen (Rückkehr im Sommer von Langenfenn mit dem Wanderbus möglich). Oder man unternimmt vorher den Abstecher zu einer Einkehrmöglichkeit, dem Gschnofer Stall, von wo man eine herrliche Aussicht auf das Bozener Becken hat.

Zurück wandern wir ansonsten auf dem Hinweg.

Auf dem Reiterhof Edelweiß 21

Pferdeglück und Kutschenfahrten

Pferde geben uns die Flügel, die wir nicht haben. Und das Glück der Erde liegt nun mal auf dem Rücken der Pferde. Reitställe gibt es in ganz Südtirol wirklich viele. Hier am Reiterhof Edelweiß dürfen Pferde noch Pferde sein und auch einmal hinaus ins freie Gelände.

Der Reitunterricht findet nicht nur auf dem hauseigenen Reitplatz statt, sondern es geht eben auch über die grandiosen Bergwiesen des Salten. So macht der Tag auf dem Rücken der gutmütigen und trittsicheren Vierbeiner besonders viel Spaß.

Hier rund um den Tschöggelberg bei Jenesien haben sich besonders viele PFERDEFREUNDE mit ihren Reiterhöfen versammelt. Aus ganz Südtirol kommen Reiter mit ihren Pferden in Anhängern von weit her, nur um einmal über die Hochebene des Salten zu reiten. Zum einen liegt das daran,

Ausgangs-/ Endpunkt: Reiterhof Edelweiß
Anfahrt: Auf der A 22 bis Autobahnausfahrt Bozen Nord oder Süd; der Beschilderung zunächst ein Stück Richtung Zentrum, dann der Beschilderung in Richtung Sarntal/Jenesien an den nördlichen Stadtrand folgen; bevor man zur Burgruine Runkelstein am Beginn des Sarntals gelangt, fährt man links über viele wilde Kurven hinauf nach Jenesien; dorthin führt übrigens auch eine Seilbahn von Bozen aus, aber dann ist der zusätzliche Anmarsch zu lang; wir fahren am Ort Jenesien vorbei und folgen der Straße in Richtung Flaas; knapp 750 m hinter Jenesien gibt es an den Sportplätzen die ersten Wanderparkplätze; wer einkehrt, kann bis zum Gasthaus Edelweiß fahren
Ausrüstung: Helm und Rückenschutz können gestellt werden, keine kurzen Hosen, festere Schuhe wie Turnschuhe oder Wanderschuhe
Öffnungszeiten: Von April bis November, nur nach telefonischer Voranmeldung
Preise: 1 Std. 21 € pro Person, 2 Std. 36 €, 8 Std. 90 € (ab 5 Teilnehmern), ermäßigt für Hausgäste; Kutschenfahrten 2 Std. Rundfahrt 100 € pro Kutsche
Einkehr: Gasthof Edelweiß, Mo Ruhetag, lohnt sich für eine Einkehr, probieren Sie die Sauschloss Rippen
Information: Reiterhof Edelweiß, Saltenweg 6, 39050 Jenesien, Tel. +39/0473/ 35 41 06, www.gasthaus-edelweiss.com

Ganztages-Ausritte führen auch in entferntere Gegenden.

TIPP

In fast jeder Gemeinde in Südtirol kann man auf einem Pferde- oder Ponyhof reiten lernen oder stundenweise Ausritte buchen. Es bedarf fast immer einer Voranmeldung. Weitere gute Adressen dafür sind der Reiterhof Sulfner in Hafling, www.hotel-sulfner.com, Tel. +39/0473/27 95 25, der ganz in der Nähe am Tschöggelberg liegt, oder das Reiterhotel Tolderhof in Olang im Pustertal, www.hotelpost-tolderhof.com, Tel. +39/0474/ 49 61 27, ein großes, bekanntes Gestüt mit Reiterhotel.

dass sich zwei der Tschöggelberg-Gemeinden schon sehr lange intensiv mit der Pferdezucht beschäftigen: Vöran und Hafling, von wo nun mal die berühmten Haflinger Pferde stammen. Zum anderen ist der Salten, die berühmte Hochebene auf dem Tschöggelberg, eine wirklich **TRAUMHAFT SCHÖNE ALMWIESENLANDSCHAFT**, auf der vereinzelt mächtige Lärchen wachsen, die dieser Kulturlandschaft ihren besonderen Charakter verleihen.

Schon früh kann man das Vertrauen zu den Pferden gewinnen.

Als Ausgangspunkt bietet sich der Reiterhof Edelweiß an, an dem auch eine Pension und ein Gasthaus angeschlossen sind. Je nach Lust und Laune, nach zeitlicher Verfügbarkeit und vor allem nach reiterischem Können kann man hier einzelne Stunden oder mit 10er-Karten Reitunterricht nehmen.

Am schönsten sind natürlich die **AUSRITTE**, die man bei Ewald Höller, dem Besitzer des Reitstalls, der ausgebildeter Reitlehrer und Gelände-Rittführer ist, buchen kann. Gerade diese Ausritte sind für Familien mit Kindern, die bereits Reiterfahrung haben, ein besonderes Highlight. So gibt es geführte Ausritte von einer Stunde Länge bis hin zu **GANZTAGES-AUSRITTEN**, die auch einmal zwei Tage lang dauern können, wenn man möchte.

Wer es lieber gemütlicher hat und trotzdem einen Tag mit Pferden erleben möchte, kann sich auf dem Reiterhof auch zu einer **KUTSCHENFAHRT** entschließen. Bis zu sieben Personen werden in einem Zweispänner durch die herrliche Kulturlandschaft des Salten gefahren. Das ist übrigens auch im Winter ein herrlicher Familienspaß.

22 Auf dem Pyramixweg am Ritten

Wandern, Spielen und Bähnle fahren

Auf diesem äußerst nett angelegten Wanderweg fühlen sich vor allem Familien mit kleineren Kindern wohl. Auf dem hier beschriebenen Abschnitt ist er durchgängig mit dem Kinderwagen befahrbar und immer wieder stoßen wir auf kleine Spielplätze.

Der nette PYRAMIXWEG mit dem kleinen KOBOLD als Maskottchen und Wegesymbol wurde von den umliegenden Familyhotels am Ritten angelegt. So kann man auf sehr ruhigen, meist völlig autofreien Wegen abseits des Rummels wandern. Die Strecke verläuft ohne nennenswerte Steigungen immer etwas im Abstand zur kleinen RITTNER BAHN, die eine touristische Berühmtheit geworden ist. Je nach Lust und Laune und Kondition der Kinder kann die Tour so jederzeit abgekürzt werden, denn man

Ausgangs-/ Endpunkt: Bahnhof in Oberbozen
Anfahrt: Auf der A 22 bis Autobahnausfahrt Bozen Nord; zunächst ein Stück Richtung Bozen Zentrum fahren, dann rechts der Beschilderung zum Ritten nach dem Berg über viele Serpentinen hinauffahren; auf dem Plateau dann links nach Oberbozen abbiegen, kurz vor dem Zentrum von Oberbozen gibt es einige Parkplätze an der Straße; man kann aber auch von Bozen aus direkt die große Rittner Seilbahn benützen, um direkt nach Oberbozen an den Beginn des Pyramix-Weges zu gelangen
Ausrüstung: Leichte Wanderbekleidung
Öffnungszeiten: Fast das ganze Jahr über möglich, sobald der Schnee weg ist
Preise: Bahnfahrt mit der historischen Rittner Bahn Einzelfahrt 3,50 €, Kinder unter 6 Jahren sind frei, Hin- und Rückfahrt 6 €
Einkehr: Es gibt mehrere Möglichkeiten am Weg, auf halber Strecke liegt das Restaurant und Café Lichtenstern etwas oberhalb unsere Weges, Di Ruhetag, in Klobenstein gibt es direkt an der Bahnstation ein nettes Café, aber auch an der Sportarena Ritten
Information: Tourismusverein Ritten, Dorfstraße 5, 39054 Klobenstein, Tel. +39/0471/35 61 00, www.ritten.com

Ganz wichtig für Eisenbahnfans: Nur am Vormittag werden die historischen Triebwägen eingesetzt.

tritt die Rückfahrt mit der Bahn an. Besonders interessant und für Kinder motivierend sind die VIELEN SPIELPLÄTZE, auf die wir entlang des Weges immer wieder stoßen. Sie sind zwar nicht sehr groß, doch abwechslungsreich genug, um die kleinen Wanderer bei Laune zu halten.

So starten wir am BAHNHOF IN OBERBOZEN und folgen der Dorfstraße nach rechts. Das bedeutet für die Autoanreisenden, dass sie nicht zuerst bis zum Zentrum wandern müssen, sondern sich gleich auf die dorfauswärts führende Straße begeben können. Bald schon kreuzt die Bahn unseren Weg, wir folgen weiter unserem Wanderweg, der parallel zur Straße verläuft. Mit WUNDERBAREN AUSBLICKEN nach Süden treffen wir auf den ersten SPIELPLATZ AN DER KAPELLE in Wolfsgruben. Hier wechseln wir die Straßenseite und wandern

im Anschluss etwas unterhalb des **BIENENMUSEUMS** vorbei zur Haltestelle Lichtenstern, von wo man bei Bedarf bereits die Heimreise antreten kann. Wir folgen stets der kleinen Koboldfigur, die uns weiter über Wiesen zu einem kleinen Wald führt. Hier halten wir uns rechts und folgen der kleinen geteerten Straße, biegen dann jedoch nach links ab und queren den Bachlauf. Im Anschluss müssen wir noch die größere Autostraße queren, dann sind wir wieder ein Stück im Wald unterwegs, bis wir schließlich die letzten Minuten am Waldrand entlang bis zum Ortsrand von **KLOBENSTEIN** gehen. Den erreichen wir am großen Sportgelände Arena Ritten. Von dort sind es ebenfalls nur wenige Minuten entweder ins Dorfzentrum oder zum Bahnhof, von wo wir die Heimreise nach Oberbozen antreten.

TIPP

In der kleinen Tourist-Info in Oberbozen gibt es einen Flyer zum Pyramixweg, in dem alle Spielplätze und Einkehrmöglichkeiten eingezeichnet sind. Der hier beschriebene Weg ist nur die erste Hälfte des angelegten Pyramixweges mit einer Länge von knapp fünf Kilometern. Für Familien mit kleineren Kindern ist das völlig ausreichend. Für die gesamte Runde von 13,5 Kilometern benötigt man mindestens dreieinhalb bis vier Stunden ohne Spielzeiten.

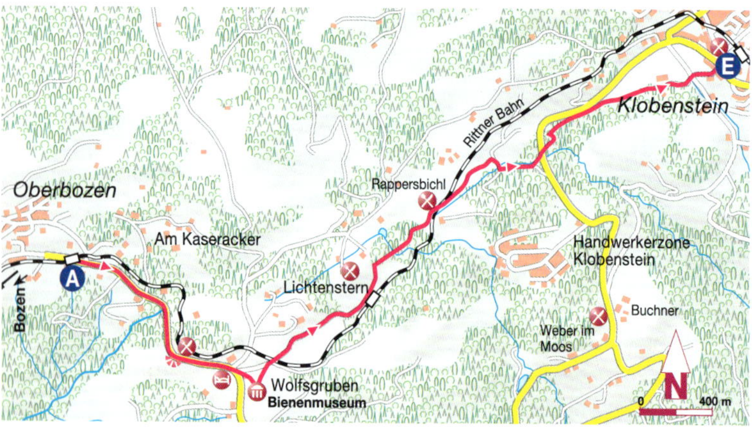

Ins Bienenmuseum 23

Summm, summ, summ … Bienchen summ herum

Man muss kein Imker sein, um sich von der Welt der fleißigen Honigsammlerinnen begeistern zu lassen. Im historischen Plattnerhof kann man ihnen ganz nah kommen und viel Wissenswertes rund um die Bienen lernen.

Allein schon der HISTORISCHE PLATTNERHOF ist auf diesem Ausflug sehenswert. Dieser wunderbare, uralte Südtiroler Bauernhof steht auf einem felsigen Hügel in herrlicher Alleinlage oberhalb von Wolfsgruben. Daher stammt auch sein Name, denn der Hof wurde auf einer großen Porphyrplatte, die als Fundament dient, errichtet.

Ausgangs-/ Endpunkt: Bienenmuseum Plattnerhof
Anfahrt: Auf der A 22 bis Autobahnausfahrt Bozen Nord; zunächst ein Stück Richtung Bozen Zentrum fahren, dann rechts der Beschilderung zum Ritten nach dem Berg über viele Serpentinen hinauffahren; auf dem Plateau dann links Richtung Oberbozen abbiegen, so kommt man nach Wolfsgruben; es gibt einen größeren Parkplatz etwas unterhalb des Bienenmuseums; man kann aber auch von Bozen aus direkt die große Rittner Seilbahn benützen, um nach Oberbozen zu kommen, dann hat man einen ca. 20 Min. langen Anmarsch oder man fährt eine Station mit der Rittner Schmalspurbahn
Öffnungszeiten: Täglich von Ostern bis Ende Oktober 10–18 Uhr
Preise: Erwachsene 6 €, Kinder von 6 bis 12 Jahren 3 €, Familienkarte 12 €, der Eintrittspreis enthält eine kleine Führung, die für kleinere Gruppen oder Familien einfach nach Bedarf gehalten wird
Einkehr: Direkt am Plattnerhof gibt es nur Rastplätze im Freigelände, etwas unterhalb in Wolfsgruben liegt das Gasthaus und Café Drei Birken
Information: Plattner Bienenhof, Wolfsgruben 15, 39059 Oberbozen, Tel. +39/0471/34 53 50, www.museo-plattner.com

Auch wenn heute hier das **BIENENMUSEUM** untergebracht ist, so kann man im Inneren des Hauses noch immer die **RABENSCHWARZE RAUCHKUCHL**, die Stube oder die Schlafkammern und sogar das Plumpsklo besichtigen.

Das Bienenmuseum selbst setzt sich aus zwei großen Bereichen zusammen: dem Inneren des Plattnerhofs und dem großen Außengelände. Im Plattnerhof selbst werden interessante Filme rund um die Bienen gezeigt und man kann die große Sammlung an historischen Imker-Gerätschaften und Arbeitsutensilien ansehen, die vor allem im Untergeschoss des Hauses stehen. Dort dreht sich alles um Bienenkörbe, Bienenbeute, Wachsschmelzanlagen und Bienenschleudern zur Honiggewinnung.

Im Museum finden wir alles rund um die Vielfalt in der Bienenwelt. .

Oben: Das Haus in dem sich das Museum befindet, ist alleine schon einen Besuch wert.

Im Außenbereich gibt es einen **BAUERNGARTEN** mit alten Kulturpflanzen, den Löschteich und eine Streuobstwiese. Wer jedoch noch mehr über Bienen erfahren will, macht sich auf den Rundgang über den **LEHRPFAD**. Anhand von kindgerechten Schautafeln und spielerischen Elementen bekommen wir tiefe Einblicke in das komplexe und vielfältige **LEBEN EINER BIENE**. Dabei können wir den Bienen wirklich ganz nah kommen und wenn wir uns ruhig verhalten, sind diese auch immer sehr friedlich und lassen sich beobachten. Dafür gibt es sogar eigene **SCHAUKÄSTEN**, die man öffnen kann. Noch heute wird auf dem Plattnerhof moderne Imkerei betrieben, die süßen Ergebnisse kann man im Anschluss an die Besichtigung im Museumsladen kaufen.

Archäologiemuseum Bozen 24

Zum Iceman

So spannend kann Archäologie sein! Es war wirklich ein Glückstreffer, den die zwei deutschen Wanderer Erika und Helmut Simon am 19. September 1991 in den Ötztaler Bergen gelandet hatten. Der Iceman Ötzi wurde von ihnen gefunden und konnte geborgen werden. Seitdem sind viele Wissenschaftler den Geheimnissen des frühzeitlichen Lebens auf der Spur: Viele davon können wir für uns mithilfe des Archäologiemuseums lösen.

Vorweg: Natürlich ist die größte SENSATION DES MUSEUMS die Mumie von Ötzi selbst, die in einer großen Kühlkammer hinter Glas liegt. Der Iceman samt seiner gefundenen Gegenstände nehmen die zentrale Stellung in diesem Museum ein. Ganz genau wird beschrieben, wie er gefunden wurde, was in den ersten Tagen danach

Ausgangs-/ Endpunkt: Archäologiemuseum Bozen
Anfahrt: Auf der A 22 bis Autobahnausfahrt Bozen Nord; der Beschilderung ins Zentrum folgen und am besten gleich dort z. B. im City Parkhaus parken, das erspart einem die lästige Parkplatzsuche; zu Fuß sind es von dort ca. 15. Min. bis zum Museum; zuerst zum Walther Platz, dort nach links bis zur Sparkassenstraße gehen; auf dieser nach rechts, bis man an der Ecke Museumsstraße auf das Archäologiemuseum trifft
Öffnungszeiten: Täglich außer Mo 10–18 Uhr, im Juli, August und September auch Mo geöffnet
Preise: Erwachsene 9 €, Kinder 7 €, Familienkarte 18 €, Kinder bis 6 Jahre frei
Einkehr: Das Archäologiemuseum liegt direkt in der Altstadt von Bozen, hier gibt es jede Menge Möglichkeiten
Information: Archäologiemuseum Bozen, Museumstraße 43, 39100 Bozen, Tel. +39/0471/32 01 00, www.iceman.it

TIPP

Es gibt eine spannende Kinderseite auf der Homepage des Museums. Je nach Alter der Kinder können sie sich dort auf drei verschiedene virtuelle Rundgänge begeben.

Im Museum gib es auch immer wieder Veranstaltungen für Familien. Die Termine findet man im Internet.

geschah und wie es schließlich dazu kam, dass der begehrte **ÖTZI EIN SÜDTIROLER** wurde.

Aber das allein sollte nicht der Grund sein, sich das Museum genau anzusehen. Überaus informativ und spannend wird uns auf drei Etagen das Leben aus der Vorzeit nähergebracht. Zahlreiche Exponate wie Funde, die auch aus anderen Gegenden Südtirols stammen, zeigen, wie diese Region Europas bereits **VOR MEHR ALS 6000 JAHREN** besiedelt war.

Die modernen Ausstellungsräume sind dabei chronologisch geordnet. Modelle, Rekonstruktionen, Filme und interaktive Mitmachstationen geben in diesen Räumen auf unterhaltsame Weise Einblicke in die Epochen von der Altsteinzeit bis ins frühe Mittelalter.

Das Museum organisiert kurzweilige, unterhaltsame Veranstaltungen für Familien, das aktuelle und vielfältige Angebot dazu findet man im Internet. Überdies liefern interessante und häufig wechselnde Sonderausstellungen immer wieder neue Impulse.

Südtiroler Naturmuseum in Bozen 25

Geologischer und biologischer Streifzug durch Südtirol

Kann man sich wirklich vorstellen, dass das Etschtal während der Eiszeit unter einer drei Kilometer langen Eisschicht begraben war? Wer weiß, ob der Braunbär schon wieder eine Heimat in Südtirol gefunden hat? Hat jemand Lust in das Innere einer Waldameisenkolonie zu blicken? Wenn ja, dann sind wir im Südtiroler Naturmuseum goldrichtig.

Das Naturmuseum befindet sich seit 1997 mitten in einer der Bozener Altstadtgassen und ist in einem ehemaligen kaiserlichen Amtshaus untergebracht. Dabei lässt sich all das, was wir in diesem Museum erfahren, erlernen und erforschen dürfen, kaum auf einer Seite beschreiben.
Im SÜDTIROLER NATURMUSEUM darf man sich auf eine Reise durch die vielen verschiedenen Ökosysteme begeben, die im ganzen Land auf engstem Raum vorkommen. Die Informationen werden dabei äußerst spannend, interessant und kindgerecht präsentiert, es erwarten uns viele Mitmachstationen, QUIZPANELS sowie digitale Werkbänke.
Im ersten Stock beginnen wir mit der Geologie Südtirols. Als Erstes erwar-

Ausgangs-/ Endpunkt: Naturmuseum Südtirol
Anfahrt: Auf der A 22 bis Autobahnausfahrt Bozen Nord; der Beschilderung ins Zentrum folgen und am besten gleich dort z. B. im City Parkhaus parken, das erspart einem die lästige Parkplatzsuche; zu Fuß sind es von dort ca. 10 bis 15 Min.; die Bindergasse ist die Verlängerung des Merkantilplatzes, der am östlichen Ende der Laubengasse liegt
Öffnungszeiten: Täglich außer Mo 10–18 Uhr
Preise: Familienkarte 10 €, Kinder bis 6 Jahre frei, Schüler 3,70 €
Einkehr: Das Naturmuseum liegt direkt in der Altstadt von Bozen, hier gibt es jede Menge Möglichkeiten
Information: Naturmuseum Südtirol, Bindergasse 1, 39100 Bozen Tel. +39/0471/41 29 64, www.naturmuseum.it

tet uns ein großes **AQUARIUMBECKEN** mit Korallenriffen und tropischen Südseefischen. Kein Wunder, gab es doch vor vielen Millionen Jahren genau an der Stelle des heutigen Südtirols ein großes Meer. So beginnt die spannende Erdgeschichte, die uns vom Aufbau des Gebirges mit seiner Auffaltung über die **VERSCHIEDENEN GESTEINE UND MINERALIEN** bis hin zur Bildung von Tälern und Flüssen führt. Fossilien und Edelsteine werden gezeigt. Wer weiß schon, wie schwer Berge oder wie alt Steine eigentlich sind?

Wirklich Zeit muss man sich für die Ameisenkolonie nehmen.

Oben: Ein großes tropisches Meer ist ein wichtiger Bestandteil der Südtiroler Geologiegeschichte.

Besonders interessant ist die Abteilung, die von der **EISZEIT** erzählt, die ja geologisch gesehen erst vor Kurzem, also vor ca. 20 000 Jahren war. Anhand eines Modells kann man sich dieses Ice-Age-Zeitalter wunderbar vorstellen. Unglaublich, dass die Dicke der Eisschicht z. B. im Talboden der heutigen Etsch bis zu zwei Kilometer betragen hat. Da blieben nur die obersten Spitzen der Berge eisfrei. Ebenso erstaunlich ist, wie sehr sich die Landschaft dann aber vor allem durch das Abschmelzen des Eises gewandelt hat. Die Klimaschwankung ist maßgeblich für das heutige Aussehen der Südtiroler Naturlandschaften verantwortlich. Dabei hat gerade in den letzten Jahrhunderten vor allem der Mensch eine große Rolle als Landschaftsveränderer übernommen.

Diese Auswirkungen kann man sich gut im zweiten Stock des Museums ansehen, wo über die verschiedenen Lebensräume in Südtirol berichtet wird. Die Besiedlung, das Hochgebirge, die Wälder, das Mittelgebirge und die Talböden spielen darin eine Rolle. Der Eingriff durch den Menschen hat einen enormen Einfluss auf die Veränderungen in der Pflanzen- und Tierwelt der Berge. In einigen Schaukästen werden die heimischen TIERE dargestellt.

So wunderbare Bergkristalle findet man nun mal nur im Museum in den Felsritzen versteckt.

Der RÜCKKEHR DER BÄREN ist eine eigene Ecke gewidmet. Sie zeigt u.a. Filmmaterial eines 2012 durch das Burggrafenamt und Vinschgau ziehenden Braunbären.
Besonders schön ist der große, durchsichtige Modellkasten, der eine AMEISENKOLONIE beherbergt. Mittels einer Kamera kann man sogar in das Innere des Nestes blicken, eine Sicht, die man sonst nur aus Tierfilmen kennt.
Erwachsene finden bestimmt die Gegenüberstellung von alten und neuen Landschafts- und Dorfansichten interessant. So kann man sich gut vorstellen, wie sehr sich Südtirol in den letzten 50 Jahren verändert hat. Abgerundet wird der Besuch durch die mehrmals im Jahr wechselnden SONDERAUSSTELLUNGEN.

26 Kletterspaß am Salewa Cube

Indoor-Kletterhalle der Extraklasse

Der Sportartikelhersteller Salewa wirbt mit einem Adler als Symbol auf all seinen Produkten. Wie auf dem Weg zu hochgelegenen Adlerhorsten lassen sich seit 2011 künstliche Felswände in der Salewa Kletterhalle am Firmenhauptquartier Cube erklimmen.

Der futuristisch anmutende Glasbau der Firma **SALEWA** ist schon von Weitem im südlichen Bozener Gewerbegebiet und von der Autobahn aus zu sehen. Wer hier einen großen Outlet Store vermutet, liegt falsch. In der Salewa World kann man nur die aktuelle Kollektion kaufen, sich dafür aber über neueste Trends im Bergsport sowie über alpine Spitzensportler informieren.

Sensationell und einzigartig ist jedoch der unter dem Slogan »climb indoor – feel outdoor« 2011 eröffnete **SALEWA CUBE**. Er ist **SÜDTIROLS GRÖSSTE KLETTERHALLE** und liegt direkt neben dem Salewa Headquarter. Die fast 2000 Quadratmeter große Kletterfläche ist gespickt mit bunten Klettergriffen, die sich bis auf 18 Meter Höhe unter die Decke der Halle erstrecken. Mindestens **175 KLETTERROUTEN** lassen sich bezwingen. Vom Anfänger bis zum Profi, der sogar Überhänge meistern kann,

Ausgangs-/ Endpunkt: Salewa Cube
Anfahrt: Auf der A 22 bis Autobahnausfahrt Bozen Süd; nach der Mautstation links Richtung Trento bis zum Kreisverkehr; dort der Beschilderung zum Salewa Firmensitz folgen
Ausrüstung: Wer keine Kletterschuhe, Seil und Karabiner dabeihat, kann sich die komplette Ausrüstung vor Ort ausleihen
Öffnungszeiten: Täglich 9–23 Uhr
Preise: Familienkarte 33 €, Kinder unter 5 Jahren klettern gratis, unter 18 Jahren Tageskarte 10 €, auf Alpenvereins-Ausweise gibt es Rabatt
Einkehr: Direkt auf dem Salewa-Gelände gibt es ein Café-Restaurant mit einer Terrasse
Information: Salewa Cube, Waltraud-Gebert-Deeg-Straße 4, 39100 Bozen, Tel. +39/0471/188 68 67, www.salewa-cube.com

Am Salewa Cube werden auch internationale Wettkämpfe im Klettern ausgetragen.

ist für jeden etwas dabei. Dafür gibt es verschiedene Räume: In der Lead Area tasten sich die Beginner und Kinder an die Wände heran. In der Challenge Area mit Routen bis zum Schwierigkeitsgrad 8b sind dann die Profis gefordert. Es gibt aber auch einen großen, z.T. kniffligen BOULDERRAUM, wo man ohne Seil an sein Limit gehen kann. Ebenso gibt es draußen im Freien Kletter- und Boulderrouten für jedermann und jedeskind.

Das Besondere an dieser Halle ist jedoch das überdimensionierte Rolltor, das die Betreiber wetterabhängig öffnen. So hat man trotz Hallenkletterei ein absolutes OUTDOORFEELING, gibt es doch den Blick auf die roten Felswände um Bozen frei.

TIPP

Wer noch nie zuvor geklettert ist, kann hier im Salewa Cube unkompliziert einmal ausprobieren, ob ihm das Klettern Spaß macht. Dafür muss man sich nur einen Tag vorher telefonisch oder per E-Mail anmelden, dann kann man einen Trainer für einen Schnupperkurs buchen.

27 Auf den Kohlern

Ruhige Wege, nette Almen, hoher Aussichtsturm

Stets stand der zweite große Hausberg Bozens, der Kohlern, im Schatten seines berühmten Nachbarn, des Ritten. Zur Sommerfrische, wenn es unten im Talkessel zu heiß war, fuhr man hierherauf, um die Abkühlung und die frische Bergluft zu genießen. Das gilt heute noch. Auf dem Kohlern ist es dann aber im Gegensatz zum Ritten viel ruhiger und ein großes Wanderwegenetz lädt zu geruhsamen Entdeckertouren ein.

Der Kohlern und seine Seilbahn sind eigentlich Kult. Seit über 100 Jahren verbindet die Seilbahn den Berg mit der Großstadt Bozen. Genauer gesagt nahm am 29. Juni 1908 die KOHLERER BAHN mit ihrer PERSONENSCHWEBESEILBAHN, wie es amtlich hieß, den Betrieb auf. Um die 800 Höhenmeter zu überwinden, standen die Ausflügler stundenlang Schlange, denn es handelte sich um die erste Luftseil-Bergbahn in den Alpen, die für den reinen Personentransport zugelassen war. Bis dahin mogelten sich manche fußfaulen Bozener illegal in die Materialseilbahn, denn diese führte zu einem beliebten Gasthaus. Es war eine technische Meisterleistung und wirklich industrielle Pionierarbeit, die man hier zum rei-

Ausgangs-/ Endpunkt: Talstation der Kohlernbahn
Anfahrt: Auf der A 22 bis Autobahnausfahrt Bozen Nord; der Beschilderung nach Bozen folgen; kurz vor Bozen am Kreisverkehr ganz links abbiegen, unter der Autobahn hindurch zum Parkplatz der Kohler Seilbahn
Öffnungszeiten: Täglich 7–19 Uhr jede halbe Stunde, Mittagspause 11–12 Uhr, So erst ab 8 Uhr
Preise: Hin- und Rückfahrt Erwachsene 6 €, Kinder von 3 bis 14 Jahren 2 €, es gibt Ermäßigungen für Einheimische, Senioren und Besitzer der Bozener Card
Einkehr: Gasthof Kohlern etwas oberhalb der Bergstation in traumhafter Lage verbunden mit herrlichem Nostalgiecharme; den Gasthof Schneiderwiesen kann man auf unterschiedlichsten Wanderungen erreichen, perfekt ausgestattet für Kinder
Information: Kohler Bahn GmbH, Kampennerweg N 4, 39100 Bozen, Tel. +39/0471/97 85 45, www.kohlernbahn.it

nen Vergnügen der Wanderer leistete. Die Kabinen waren nach Kutschenvorbild geschaffen worden, es gab keine Fenster, stattdessen hingen Vorhänge an den Öffnungen. Eine dieser wunderbaren alten Kabinen kann man heute noch unweit der Bergstation bewundern.

TIPP

Etwas versteckt in dem Wäldchen hinter der auffälligen Villa nahe der Bergstation Kohlern gibt es eine nette Picknickarea mit angelegten Grillplätzen. Ein kleiner Bach in der Nähe erfüllt die Wasserspiel-Sehnsucht unserer Kinder, während wir selbst auf der Lichtung im Wald die Zeit und Sommerfrische genießen.

Die **KOHLERNBAHN** erlebte jedoch auch herbe Rückschläge in der bewegten Geschichte des letzten Jahrhunderts. So musste der Betrieb wegen Sicherheitsmaßnahmen oder dem Ausbruch des Weltkrieges immer wieder eingestellt werden. Erst seit den 60er-Jahren befördert die Bahn wieder Passagiere. 2006 wurde sie erneut komplett saniert und modernisiert und fährt nun die Wanderer in gerade einmal fünf Minuten hinauf. Oben angekommen ist man im kleinen Weiler **BAUERNKOHLERN**, der aus ein paar wenigen Häusern, einer kleinen Kirche, dem Hotel Kohlern sowie der auffälligen hölzernen Villa Büttner besteht, die heute ein Kinder-Erholungsheim ist, aber wie ein richtiges Hexenhäuschen aussieht. Als Ers-

Die Aussicht auf das Bozener Becken und den Ritten ist fantastisch.

tes sollte man aber den hölzernen **AUSSICHTSTURM** anvisieren, der an der Hangkante zum Eisacktal hin errichtet wurde. 173 Stufen führen zur grandiosen Aussicht. Tief unter uns liegt Bozen, dahinter erheben sich Ritten und Salten, und am Horizont können wir den Ortler erblicken.

Der Aussichtsturm muss erst erklommen werden, bevor man sich auf den Weg zu den Schneiderwiesen macht.

Im Anschluss daran bietet sich eine **WANDERUNG** an. Mit ganz kleinen Kindern kann man sogar mit dem Kinderwagen hinüber nach **HERRENKOHLERN** gehen. In schönster Panoramamanier zieht sich der breite und zum Teil geteerte Wanderweg fast eben entlang des Hanges bis zur kleinen Häusergruppe mit der Kirche Mariä Himmelfahrt. Hier kann man dann rasten und die Aussicht genießen. Die Wanderung dauert einfach ca. 30 Minuten.

Etwas größere Kinder schaffen leicht die Tour zum schönen einladenden **BERGGASTHOF SCHNEIDERWIESEN.** Ein schöner Rundweg dorthin führt ebenfalls über Herrenkohlern. Hier folgen wir nach den letzten Häusern noch ein Stück dem breiten Wanderweg Nr. 4/E5 in Richtung Wolfstal. Schließlich biegen wir rechts ab und folgen der Beschilderung auf dem Wanderweg Nr. 6, der zunächst durch den Wald führt und erst kurz vor dem Berggasthaus Schneiderwiesen auf freie Wiesen trifft. Im Berggasthof können wir hervorragend einkehren. Uns erfreuen typische Südtiroler Brettljausen, ein süßer **STREICHELZOO** nebst **SPIELPLATZ** hingegen die Kinder. Die Spielwiese bietet ausreichend Platz und die Terrasse ist sonnenverwöhnt. Nach dieser Pause können wir auf direktem und kürzerem Weg über den Wanderweg Nr. 1 zurück zur Bergstation gehen. Die Gehzeit beträgt insgesamt zwei Stunden und 15 Minuten.

TIPP

Der Kohlern bietet ein weiteres Highlight. In diesem Fall für Mountainbike begeisterte Familien mit größeren Kindern und Jugendlichen. Es gibt drei grandiose, wenn auch nicht offiziell ausgewiesene Downhill-Strecken, die von der Bergstation zurück ins Tal führen. Gefahren wird auf Wanderwegen, deshalb muss man selbstverständlich Rücksicht nehmen. Den Transport der eigenen Räder übernimmt die Bahn. Ein wildes und sehr sportliches Vergnügen mit großem Adrenalinkick!

28 Schloss Sigmundskron

Aussichtsloge bei Bozen

Das MMM Firmian ist ein weiteres Messner Mountain Museum. Es liegt südlich von Bozen auf einem Plateau und wurde in das Schloss Sigmundskron gebaut. Gerade für Familien mit Kindern ist dieses Museum besonders schön, denn man kann über die weitläufige Burganlage wandern und dabei die Aussicht auf Bozen und seine umliegenden Berge genießen.

Da klingt das Museum im ersten Moment eher als Erwachsenen-Event, aber Kinder lieben es, die vielen Gänge, Brücken, Treppen, Stege und Türme entlang der ÄUSSEREN BURGMAUERN zu erobern. Dabei stoßen sie und unweigerlich auch wir immer wieder auf wunderbare Kunstwerke, diesmal ganz unter dem Motto MENSCH UND BERG. Es gibt unglaublich VIELE WINKEL zu entdecken und man wundert sich, wie groß das Areal wirklich ist. Wechselnde Ausstellungen und verschiedene Events

Ausgangs-/ Endpunkt: MMM Firmian
Anfahrt: Brennerautobahn A 22 bis Ausfahrt Bozen Süd; auf die Schnellstraße Bozen–Meran auffahren, Ausfahrt Eppan, weiter Richtung Girlan, dann links der Beschilderung zum Museum folgen; den kurzen Fußweg hinauf zum Burgtor schafft jeder
Ausrüstung: Keine Besondere, aber für die vielen Treppen und Stege, die zum Teil aus Lochgitter bestehen, keine leichten Schuhe; nur partiell für Kinderwagen geeignet
Öffnungszeiten: Von Anfang März bis Ende November täglich 10–18 Uhr geöffnet, Do Ruhetag
Preise: Erwachsene 9 €, Kinder von 6 bis 14 Jahren 3 €, Familienticket 20 €; wer mehr MMM Museen ansehen möchte, kauft das ermäßigte MMM Tour Ticket
Einkehr: In traumhafter Lage mitten auf dem Burghof liegt ein nettes Museumscafé und Restaurant; hier kann man sich mit selbstgemachten Kuchen oder Brettlbrotzeiten verwöhnen lassen; werfen Sie einen Blick ins Innere
Information: Messner Mountain Museum Firmian, Schloss Sigmundskron, Sigmundskronerstr. 53, 39100 Bozen, Tel. +39/0471/63 12 64, www.messner-mountain-museum.it

krönen das Ganze. Die Burg selbst hat eine lange Geschichte. Der **BERGSPORN**, auf dem Sigmundskron steht, war schon in vorgeschichtlicher Zeit besiedelt. Ins Licht der dokumentierten Geschichte tritt der Ort 956 n. Chr. Damals eroberte Berengar von Ivrea eine Burg auf diesem Hügel, die den Bischöfen von Trient gehörte. Sie hieß Formigar oder Firmian. Das ist der älteste bekannt gewordene Burgenname in Südtirol.

Um 1470 kaufte Erzherzog Sigmund diese Burg und ließ sie zur größten Verteidigungsanlage seiner Zeit ausbauen. Er sah sie als Krönung seiner regen Bautätigkeit und nannte sie deshalb **SIGMUNDSKRON**.

Hundert Jahre später war die Zeit der Burgen vorbei, Sigmundskron wurde als Lehen vergeben, verkauft und nochmals verkauft, bis der Verfall so weit fortgeschritten war, dass niemand mehr Interesse an den Mauern zeigte. Dann endlich trat Messner auf den Plan und gemeinsam mit den Architekten gelang es, auf dem Areal in und um die Burg Sigmundskron eine **MUSEALE BEGEGNUNGSSTÄTTE** zu schaffen, die auch aufgrund der architektonischen Lösungen sehr interessant ist.

Das Museumsgelände ist äußerst großzügig und weitläufig.

Oben: Die Steinfigur ist eines der Wahrzeichen des Museums.

29 Zu den Eppaner Burgen

Burgenrunde mit Bogenschützenparcours

Die Wanderung führt aus der Eppaner Weingegend hinauf zu zwei alten Burgen, Burg Hocheppan und Burg Boymont. Nicht nur, dass es dort zwei der schönsten Jausenstationen Südtirols gibt, können größere Kinder dort mit Pfeil und Bogen zu Robin Hood werden.

So haben wir einen guten Anreiz, damit sich die Kinder mit uns auf dem Weg machen. Wir versprechen ihnen den BOGENSCHÜTZENPAR-

Ausgangs-/ Endpunkt: Parkplatz unterhalb Schloss Korb
Anfahrt: Brennerautobahn A 22 bis Ausfahrt Bozen Süd; weiter auf die A 38 Richtung Meran, erste Ausfahrt Eppan/Kaltern nehmen; auf der SS 42 Richtung Süden, dann rechts nach St. Pauls abbiegen; durch den Ort hindurchfahren und rechts der Beschilderung zum Schloss Korb folgen; dies ist ein privates Hotel, aber unterhalb davon gibt es einen Wanderparkplatz
Weglänge: 4,2 km ohne Bogenschützenparcours
Höhenmeter: 300 m
Gehzeit: 2 Std.; für den Bogenschützenparcours muss man mit weiteren 2 Std. 30 Min. rechnen
Ausrüstung: Feste Schuhe, sowohl für Bogenschützenparcours als auch für den Abstieg über die Burg Boymont, der über steile Treppen und Stege führt; diese haben Lochgitter; für Hunde ungeeignet
Tourencharakter: Einfache Wanderung, nur der Übergang von Hocheppan zur Burg Boymont verläuft auf einem schmalen, stellenweise steilen Steig; die abfallenden Stellen sind durchwegs gesichert, so ist die Tour auch für Kinder gut geeignet
Öffnungszeiten: Burg Hocheppan von Mitte März bis Anfang November 10–18 Uhr, Führungen in der Burgkapelle in regelmäßigen Abständen 10.30–17.30 Uhr, Mi Ruhetag, Bogenverleih 10–17 Uhr
Preise: 10 € Parcours-Benutzung, 8 € Verleih Ausrüstung, kaputte oder verlorene Pfeile müssen ersetzt werden
Einkehr: Sowohl in der Burg Hocheppan wie auch auf Boymont erwartet uns ein Biergarten
Information: Tourismusverein Eppan, Rathausplatz 1, 39057 Eppan, Tel. +39/0471/66 22 06, www.eppan.com oder www.hocheppan.de

Die Wanderung hinauf zur Burg Hocheppan ist leicht zu schaffen.

COURS im Gegenzug zur Wanderung. Die Tour mit Pfeil und Bogen eignet sich für Kinder ab acht Jahren.

Vom Wanderparkplatz geht es zur Zufahrtstraße und auf ihr nach links. Wir wandern zwischen den vielen Rebstöcken entlang der Straße und ignorieren die Abzweigung nach links, die ebenfalls mit Hocheppan/Boymont ausgeschildert ist. Sie wird unser Rückweg sein. An den nächsten Häusern erreichen wir den Wald. Gleich nach einem kleinen Wanderparkplatz steigt dann der Weg steil an. Wir passieren den freistehenden KREIDFEUERTURM, der als Signalturm bei drohender Gefahr die Bevölkerung alarmierte, und haben es gleich darauf geschafft. Über die

TIPP

Äußerst sehenswert sind auf Hocheppan die bunten, naiven Fresken in der freistehenden Burgkapelle, die um 1200 entstanden sind. Beachtenswert sind vor allem die Details aus dem Bilderzyklus der Lebens- und Leidensgeschichte Jesu. In der Darstellung der Hochzeit zu Kanaan schiebt sich ein Mann genüsslich eine Wurst in den Mund. Im Bild der Geburt Christi verspeist eine Frau eindeutig Knödel, was übrigens der früheste Beleg für Tiroler Knödel ist.

Der Weiterweg über Schloss Boymont ist äußerst zu empfehlen, aber nur für Familien mit etwas trittsicheren Kindern.

Zugbrücke betreten wir die **BURG HOCHEPPAN**. Das Pächterehepaar Tschigg hat ein wahres Juwel daraus gemacht. Überall gibt es **LAUSCHIGE SITZPLÄTZE** im großen Burghof rund um die Burgkapelle. In der Burgschenke gibt es leckere Tiroler Küche mit wechselnden Gerichten. Wirklich erwähnenswert sind die frisch zubereiteten, köstlichst **SÜSSEN STRAUBEN**, die in einer Butterschmalzpfanne herausgebacken werden. So viele Kalorien müssen wieder abtrainiert werden, und das können wir am besten auf dem Bogenschützenparcours machen. Er führt über **28 STATIONEN** oberhalb von Hocheppan durch den Wald. Immer wieder haben wir auf diesem Weg wunderbare Aussichten bis zum Schlern und Rosengarten. Die Ausrüstung können wir uns an der Burgschenke ausleihen, dort bekommen wir auch eine umfangreiche Einweisung.

Wem es jetzt nach der Pfeil-und-Bogen-Tour zu viel wird, der steigt auf dem Hinweg ab. Ansonsten gibt es die Möglichkeit über Schloss Boymont abzusteigen. Dafür wenden wir uns am Ende des Burgzugangs nach links und folgen der Beschilderung nach Boymont. Der Steig führt

zunächst an den Außenmauern von Hocheppan entlang, dann geht es hinab in das Hocheppaner Tal, das schon eher einer KLEINEN SCHLUCHT gleicht. Auf der anderen Seite müssen wir die Höhe wieder gewinnen und so steigen wir auf den Stufen einer engen Metalltreppe nach oben. Der Weg führt weiter durch den herrlichen Wald zu einem größeren Forstweg, der uns rechts die letzten Meter bergauf zur BURGRUINE BOYMONT bringt. Auch hier kann man in der mittelalterlich gestylten Schänke einkehren. Lohnenswert ist die Besteigung des NÖRDLICHEN BURGTURMS. Die Aussicht ist wunderschön.
Der Rückweg erfolgt zunächst auf gleichem Weg. Diesmal bleiben wir auf dem Forstweg und steigen bergab. Unten angekommen erreichen wir durch ein Weinfeld wieder unseren Ausgangspunkt.

Familie in den Weinbergen unterhalb von Hocheppan bei Missian

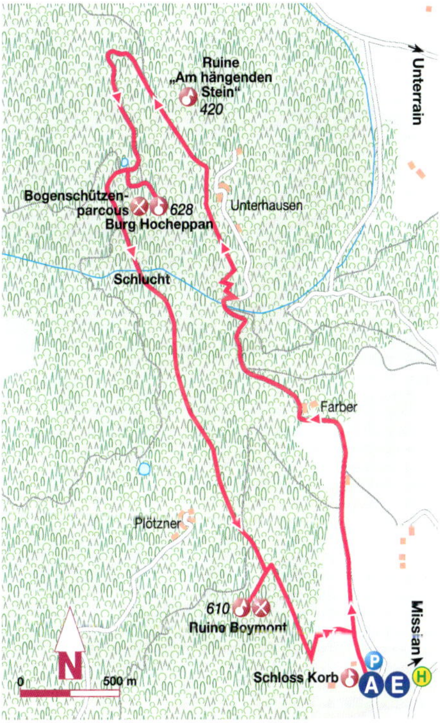

30 Zu den Eishöhlen

Frösteln am Felsenmeer

Die Eishöhlen bei Gand sind ein Naturphänomen, dessen Besuch bei einer kleinen Wanderung vor allem an heißen Sommertagen lohnt. Am Fuße des Mendelpasses strömt zwischen Porphyrblöcken äußerst kalte Luft aus Felsspalten.

TIPP

Natürlich kann man die Wanderung auch in der Ortsmitte von St. Michael starten und an den vielen schönen Ansitzen und Burgen vorbeiwandern. Dafür brauchen wir jedoch ca. 30 Minuten länger. Der Weg ist ausgeschildert.

Oberhalb von St. Michael bei Eppan breitet sich das riesige Geröllfeld von Gand aus. Es stammt von einem gewaltigen Bergsturz, der sich einst, wahrscheinlich am Ende der letzten Eiszeit, vom großen Mendelmassiv löste. Heute liegen in den Wäldern rund um die Wohnsiedlung Obere Gand unzählige **FELSBLÖCKE** wild verstreut und bilden so die natürliche Voraussetzung für einen spannenden Wanderweg.

Ausgangs-/ Endpunkt: Parkplatz im Ortsteil Obere Gand von St. Michael
Anfahrt: Im Ort St. Michael folgen wir am besten der Beschilderung zu den Ortsteilen Untere und danach Obere Gand; über Serpentinen geht es bis ans obere Ende der Siedlung; am Ende der Max Sparer Straße gibt es einen Wanderparkplatz
Weglänge: 3,8 km
Höhenmeter: 140 m
Gehzeit: 1 Std.
Ausrüstung: Feste Schuhe, leichter Pulli
Tourencharakter: Einfache Wanderung auf schattigen Waldpfaden, kleinere Felsen liegen auf dem Pfad und können nach Regen etwas rutschig sein; nicht mit Kinderwagen befahrbar
Einkehr: Unterwegs keine
Information: Tourismusverein Eppan, Rathausplatz 1, 39057 Eppan, Tel. +39/0471/66 22 06, www.eppan.com

Ein kleines Freizeitgelände erwartet uns am Ende der Wanderung.

Wir starten unsere Wanderung vom **WANDERPARKPLATZ OBERE GAND** und folgen einfach der Beschilderung zu den Eislöchern in den Wald. Bald führt der Weg aufwärts und wir kommen flott zwischen den bemoosten Felsen voran. Alle Abzweigungen sind gut ausgeschildert, und so dauert es nur etwas mehr als eine halbe Stunde und schon wird es merklich kühler. Wir sind nun in einer Senke direkt am Fuße des Mendelkamms angekommen. Hier braucht es kein Hinweisschild für die **EISLÖCHER**, wir können am ganzen Körper spüren, dass die Temperatur deutlich gesunken ist. Das ganze Jahr über ist es um einige Grade kühler, sodass sich auch die Vegetation darauf eingestellt hat. Hier wachsen Pflanzen wie Preiselbeeren, Alpenrosen oder die Küchenschelle, die normalerweise nur in hochalpinerer Gegend vorkommen. Die kalte Luft,

Viele Felsblöcke gestalten den Wanderweg spannend.

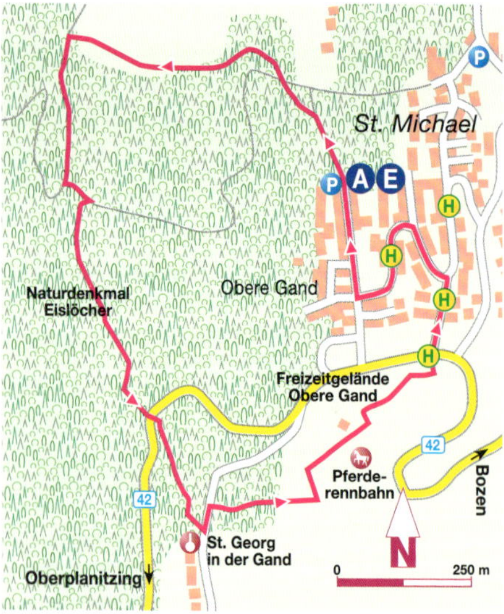

die aus den **FELSSPALTEN** kommt, schafft hier ein eigenes Mikroklima.

Wie kommt nun aber diese kühle Luft hierher? Das Ganze ist ein geologisches und physikalisches Phänomen. Durch den Bergsturz liegen die Porphyrfelsen nur lose aufeinander und lassen die Luft hindurch. Oben am Berg dringt warme Luft in die Spalten ein und wird nach unten gezogen, dabei kühlt sie sich ab und drückt schließlich wie in einem **EISSCHRANK** am Fuße des Berges aus den Felsspalten. In der kleinen, ca.

200 Meter langen Geländemulde bildet sich ein richtiger Kaltluftsee, die kalte Luft sinkt zu Boden und hier kann sie kaum entweichen. Bis in den Frühsommer finden wir Eiszapfen an den kleinen Felshöhlen.

Wem es zu kalt ist, der muss nur ein Stückchen weitergehen. Sobald der Weg ansteigt, wird es wieder wärmer.

Zurück können wir auf dem Hinweg gehen. Spannender ist es, wenn wir einen Rundweg marschieren. Dafür folgen wir einfach dem Wanderweg weiter und treffen bald abwärts auf eine Autostraße. Diese queren wir geradeaus auf den Waldweg, der uns kurz darauf zur TURMRUINE der einstigen St. Georgskirche bringt. Hier wandern wir wenige Meter entlang der Straße nach links und biegen dann am Ende der Apfelplantagen rechts in den Wanderweg zum Hippodrom ein. So kommen wir noch am netten Freizeitgelände mit seinen hölzernen Pilzen, LABYRINTHGARTEN, AUSSICHTSHÜGEL und Picknickstellen vorbei. Am unteren Ende des großflächigen Geländes queren wir die Autostraße und wandern geradeaus in den Ortsteil Obere Gand. An der nächsten Kreuzung halten wir uns links und folgen den Kurven aufwärts durch die Siedlung zurück bis zum Wanderparkplatz, unserem Startpunkt.

Verlaufen kann sich eigentlich niemand, die Wege sind gut ausgeschildert.

Oben: Die Brotzeit kann man sich dann bis zum Freizeitgelände Obere Gand aufheben.

31 An den Montiggler Seen

Badespaß am Lido

Die Montiggler Seen mit ihrem Strandbad Lido gehören neben dem Kalterersee zu den bekanntesten Ausflugszielen Südtirols. Dementsprechend bevölkert kann es hier an einem sonnigen Tag werden. Aber das kann ja auch einmal viel Spaß machen.

Egal von welchen Parkplätzen aus man zum See startet, nach wenigen Minuten erreicht man den Großen Montiggler See an seinem Südwestufer mit dem Strandbad Lido.

Genau genommen sind die **MONTIGGLER SEEN** zwei Stück: der Große und der Kleine Montiggler See. Etwas versteckt liegen zwar noch ein paar weitere Gewässer in den Wäldern des Mitterbergs, aber die sind wirklich eher kleinere Tümpel.

Der Große Montiggler See ist nicht besonders tief, sodass er im Sommer sehr schnell warme Badetemperaturen erreicht. An seinem westlichen Ufer liegt das schöne **STRANDBAD LIDO**, das ganz an die italienischen Ba-

Ausgangs-/ Endpunkt: Lido am Montiggler See
Anfahrt: Auf der A 22 bis Ausfahrt Bozen Süd, weiter über die mautfreie Schnellstraße in Richtung Meran, Abfahrt Girlan/Kaltern; auf der SS 42 nach St. Michael/Eppan, dort links auf die Montigglerstraße bis zu den großen gebührenpflichtigen Parkplätzen am See fahren; am besten gleich am ersten großen Parkplatz parken
Gehzeit: 1 Std. um den See
Ausrüstung: Badesachen; wer den See umrunden möchte braucht leichte Wanderschuhe
Öffnungszeiten: Lido von Mitte Mai bis Mitte Juni 10–18 Uhr, Mitte Juni bis Mitte September 9–18.30 Uhr
Preise: Lido Tageskarte Erwachsene 5,50 €, Kinder unter 15 Jahren 2,80€, am Nachmittag wird es dann günstiger
Einkehr: An den Montiggler Seen gibt es das Seehotel Sparrer oder das Café Restaurant Lido
Information: Tourismusverein Eppan, Rathausplatz 1, 39057 Eppan, Tel. +39/0471/66 22 06, www.eppan.com

deanstalten der Adria erinnert. Hier spielen sich sämtliche Freizeitaktivitäten ab. Vom Eis essen auf den Seeterrassen über den TRETBOOT- ODER RUDERBOOT-Verleih bis hin zu den Badefreuden. Im Lido kommen die Wasserratten voll auf ihre Kosten. Man kann sowohl in den See springen als auch in ein klassisches Freibad-Becken. Es gibt hier eine LANGE WASSERRUTSCHE, Kleinkinderbecken und natürlich einen Kiosk, eine Poolbar und eine PIZZERIA sowie einen aufgeschütteten schönen Sandstrandbereich.

Vom Hängenden Stein kann man gut ins Wasser steigen, denn das Wasser im Montiggler See ist herrlich erfrischend.

Wer ohne den ganzen Trubel baden möchte, kann auch kostenlos auf der nördlichen Seeseite in das Wasser hüpfen. Dafür bietet sich eine WANDERUNG um den See an.

Wir wählen den Weg zwischen dem Lido und dem Hotel Sparrer und wandern zum Seerundweg hinauf. Diesem folgen wir rechts und wandern in Ufernähe an die felsige Nordseite des Sees. Hier finden wir den HÄNGENDEN STEIN, von dem man den schönsten Ausblick über den See bis zum Mendelkamm hat und der eine gute Möglichkeit bietet, ruhiger ins Wasser zu springen. Hier wäre ein Abstecher nach links zum kleinen Montiggler See, der komplett von Wald umgeben ist, möglich.

TIPP

Wer im Frühjahr vor der Badesaison hierherkommt, kann sich zu einer blütenreichen Wanderung durch das Frühlingstal aufmachen. Unzählige Märzenbecher und Schneeglöckchen blühen dann auf der Strecke vom Großen Montiggler See zum Kalterer See.

Nach der Abkühlung folgen wir einfach weiter dem Uferweg, der nun ganz ohne Trubel und Hektik über die Ostseite verläuft. Am sumpfigen Südufer treffen wir auf den tollen Holzbohlenweg, der über ein **FEUCHTBIOTOP** führt. Herrliche Seerosen schwimmen zwischen giftgrünen Wasserlinsen und Libellen tanzen um gelbe Lilien. Idylle pur, wenn nur nicht wieder so viele Menschen hier unterwegs wären. Am anderen Ufer wandern wir schließlich ein Stück nach rechts über den Parkplatz zurück zum Strandbad Lido.

Die Ruderboote warten auf ihren Einsatz am Lido.

Im Hochseilgarten bei Kaltern

32

Abenteuerpark

Der abwechslungsreichste Hochseilgarten-Parcours befindet sich in Kaltern angenehm schattig zwischen den Bäumen. Er ist auch schon für Familien mit ganz kleinen Kindern geeignet und bei so viel Abenteuerspaß kann man süchtig werden und öfter kommen.

Das Motto des Hochseilgartens lautet: Spaß für die ganze Familie! Die Betreiber dieses Kletterparadieses sind ausgebildete Bergretter und Bergführer und arbeiten u.a. für den Alpenverein. Ihnen liegt deshalb besonders der pädagogische Sinn eines Kletterparks am Herzen. Ihren Hochseilgarten verstehen sie schon als actiongeladenes Freizeitziel, aber sie versuchen überdies ein wirklich verantwortungsbewusstes Heranfüh-

Ausgangs-/ Endpunkt: Abenteuerpark am Sportplatz
Anfahrt: Auf der SP 14 in Richtung Kalterer See, fast am Ortsende von Kaltern rechts auf die Europastraße/SP 15 in Richtung Zentrum/Altenburg; nach ca. 1,5 km, kurz vor der scharfen Rechtskurve, geht es links in Richtung Altenburg; das Hinweisschild zum Abenteuerpark ist sehr klein; nach einem weiteren Kilometer finden wir auf der linken Seite der Straße viele Parkplätze am Sportgelände; gegenüber im Wald liegt der Hochseilgarten
Ausrüstung: Turnschuhe oder leichte Bergschuhe, bequeme Sportkleidung; Handschuhe sind hilfreich, können auch ausgeliehen werden; alles Weitere wie Helm und Kletter-Set wird gestellt
Öffnungszeiten: Von April bis November fast durchgehend täglich von 9.30–18.30 Uhr, nur in der Vorsaison kürzer und einige Ruhetage; im Internet gibt es einen Kalender
Preise: Bambi-Burg 5 €, Erwachsene 20 €, Kinder und Jugendliche je nach Alter 13–17 €, Familienpauschale 55–65 €
Einkehr: Unterwegs keine, im Wald gibt es Tische und Bänke, also am besten alles mitbringen
Information: Abenteuerpark Kaltern, Altenburgerstraße, 39052 Kaltern, Tel. +39/0347/801 09 60, www.abenteuerpark.it

ren an den eigentlichen **KLETTERSPORT**. So gibt es gleich zu Beginn eine längere und gründliche Einführung verbunden mit einem Testparcours, den zunächst jeder Teilnehmer unter den Augen des geschulten Personals durchlaufen muss. Das Einklinken der Karabiner und der Sicherheitsausrüstung will genauso wie die Parcours-Regeln gelernt sein. Dabei ist das System sehr sicher, das Aus- und Einklinken geht einem schnell von der Hand und fördert die Eigenverantwortung. Wobei man erstaunt sein kann, wie schnell das auch bei Kindern in Fleisch und Blut übergeht.

Aber danach geht es zwischen die Bäume und wir haben die Qual der Wahl. Gleich **19 PARCOURS** stehen zu unserer Auswahl, wobei wirklich nicht alle an einem Tag geklettert werden müssen. Jeder sucht sich nach seinem Können sowie nach Lust und Laune ein paar davon aus. Es versteht sich von selbst, dass man zuerst einen einfacheren ausprobiert, bevor man sich **HOCH HINAUF IN DIE BÄUME** wagt. Konzentration und Verantwortung übernehmen will gelernt sein.

Die Flying Foxes haben es wirklich in sich!

Der allerniedrigste und durch ein Netz geschützte ist die **BAMBI BURG**, die schon für Kinder ab drei Jahren offensteht. Wenn die Jüngsten daran Spaß haben und sich mehr zutrauen, dürfen sie sich gleich auf der Waldtierrunde an vier weiteren Strecken austoben.

Und für alle größeren Kinder geht es schon höher hinauf in die Bäume. Das Prinzip ist einfach: Je höher die Nummern der einzelnen Parcours, umso schwieriger werden sie. Kinder unter 14 Jahren müssen dabei immer von einem Erwachsenen begleitet werden. Es geht ja vor allem um das Miteinander und das gemeinsame sichere Herantasten, wo die eigenen Grenzen liegen.

Und jetzt ein Autoren-Geheimnis: Meine Grenze war beim 10. Parcours erreicht und auch das nur, weil mir meine Kinder über die schwierigsten Stellen geholfen und mir Mut zugesprochen haben!

Da gibt es Drahtseile und Balken, über die man balancieren muss, Kletternetze und Hängeseile müssen überwunden werden. SCHLITTEN, TÖPFE, TUNNEL, KLETTERWÄNDE, LEITERN und vieles mehr stehen einem im wahrsten Sinn des Wortes im Weg, bis man wieder auf den Boden kommt. Insgesamt sind das 163 SPANNENDE AUFGABEN zwischen einem und 20 Metern Höhe, garniert mit 24 FLYING FOXES, das sind die Seilrutschen, auf denen man zum nächsten Baum, Hindernis oder Boden fliegt.

Der HOCHSEILGARTEN ABENTEUERPARK wurde extra so konzipiert, dass ein Parcours mit einer durchschnittlichen Länge von ca. 200 Metern normalerweise problemlos zu schaffen ist. Ganz selten muss das Personal zu Hilfe eilen und einen sogenannten Notausstieg für einen Gast durchführen.

Paul Sapelza, einer der Betreiber des Abenteuerparks, erzählt, dass viele der Gäste während ihres Urlaubsaufenthalts öfter kommen. Man wird leicht süchtig!

33 Durch die Rastenbachklamm

Urwaldgefühle am wilden Bach

Steil aufragende Felswände, begrünt mit Moosen, Farnen und Kletterwurzeln, begleiten unseren Weg durch die Rastenbachklamm. Wie in einem Dschungel dürfen wir uns auf den vielen Stegen Brücken und Treppen fühlen.

Man braucht nur noch ein bisschen Fantasie. Dann tauchen wir besonders im ersten Teil der Wanderung mitten in einen DSCHUNGEL hinein, der schöner in den Tropen nicht vorkommen könnte. Vom Wanderparkplatz an der Straße nach Altenburg folgen wir rechts der Beschilderung in die Klamm. Zu Beginn haben wir eine kurze Aussicht ins Tal hinunter zum Kalterer See. Wer bis zu diesem absteigen möchte, muss sich im Klaren darüber sein, dass die Höhenmeter hinauf auch wieder geschafft werden müssen.

Ausgangs-/ Endpunkt: Wanderparkplatz Müllereck bei Altenburg
Anfahrt: Auf der SP 14 in Richtung Kalterer See, fast am Ortsende von Kaltern rechts auf die SP 15; nach ca. 1,5 km kurz vor der scharfen Rechtskurve links in Richtung Altenburg/Abenteuerpark/Sportplatz abbiegen; auf der kleinen Straße geht es durch den Wald, an den Parkplätzen des Sportplatzes vorbei; ein Stück bevor die Straße in einer starken Serpentine an einem einzelnen Haus über den Rastenbach führt, findet man auf der rechten Seite einige Parkplätze am Müllereck
Tourencharakter: Kurze Wanderung, die etwas Trittsicherheit voraussetzt; für sehr kleine Kinder nicht geeignet; der Wanderweg ist an allen kritischen Stellen mit Geländern gesichert, aber etwas schwindelfrei sollte man schon sein; bei sehr feuchter Witterung kann der Weg rutschig sein; nicht mit Kinderwagen befahrbar
Weglänge: 3,8 km
Höhenmeter: 140 m
Gehzeit: 1 Std.
Ausrüstung: Feste Schuhe mit Profil braucht man für den Abstieg und die hölzernen Stufen
Einkehr: Unterwegs keine, in Altenburg gibt es das Restaurant und Pizzeria Altenburgerhof, Di Ruhetag
Information: Tourismusverein Kaltern, Marktplatz 8, 39052 Kaltern, Tel. +39/0471/96 31 69, www.kaltern.com

Je tiefer man in die Schlucht vordringt, umso wilder werden die Wege.

Für uns geht es die paar Höhenmeter an den **RASTENBACH** hinunter, dem wir nach links flussabwärts folgen. Dabei geht es unmittelbar zur Sache. Der Rastenbach schießt über eine erste Stufe abwärts und unser Wanderweg wird zu einem schmalen Pfad, der sich alsbald auf hölzernen Stegen über das Wasser windet. Hölzerne Geländer

bieten uns Sicherheit, denn unter uns gurgelt und braust das Wasser zwischen den **FELSEN** und sucht sich den schnellsten Lauf ins Tal. Die steil neben uns aufragenden Felswände rücken immer näher an den Weg. **DUNKELGRÜNE MOOSE** und dicke **FARNWEDEL** krallen sich an die Vorsprünge im Stein. Ein großer Kletterbaum verbindet sich mit der glatten Wand und wächst senkrecht daran in die Höhe. Spannender kann eine Wanderung nicht sein!

TIPP

Nicht weit von unserem Startplatz liegt das kleine Dorf Altenburg. Hoch oben auf einem Felsen thront die Kirche St. Vigilius mit ihren bunt glasierten Dachziegeln. Ein Stück dahinter gibt es einen der **SCHÖNSTEN AUSSICHTSPUNKTE** über den Kalterer See auf das südliche Ende Südtirols.

Beim Rückweg erwartet uns eine tolle Aussicht über den ganzen Kalterer See.

Schließlich steigt der Weg für ein kurzes Stück nach oben und wir treffen auf eine herrliche **AUSSICHTSKANZEL**, wo Rastbänke uns die Aussicht auf das Bozener Unterland mit dem Kalterer See so richtig versüßen. Ein kurzes Innehalten schadet nicht, denn sofort danach müssen wir steil über Treppenstufen absteigen, und die bedürfen etwas Konzentration.

Dann nähern wir uns einem **WASSERFALL**. Diesen können wir mit einem Abstecher nach rechts erkunden. Anschließend geht es links weiter, nun wieder aufwärts zwischen Felssteinen hindurch. So treffen wir auf eine ausgeschilderte Wegverzweigung. Rechts geht es hinunter zum Kalterer See, eine weiterhin lohnenswerte Wanderung für größere Kinder mit genügend Ausdauer.

Ansonsten folgt man links der Beschilderung über den BÄRENTALWEG wieder hinauf zum Müllereck bei Altenburg, sodass wir einen schönen Rundweg erleben. Stets aufwärts gibt der Wald, der nun vor allem aus Steineichen und Kiefern besteht, immer wieder weite Ausblicke über das Tal frei.

Fast schon ganz oben, treffen wir auf mehrere kleine, meist zum Hang verlaufende Wanderpfade. Dort halten wir uns etwas links, die Stromleitung gibt den Weg vor.

An der Hangkante können wir zum krönenden Abschluss links auf die HÖLZERNE AUSSICHTSPLATTFORM mit ihren Sitzbänken treten. Jetzt ist eine Brotzeit fällig, bevor wir die letzten Minuten zurück zum Wanderparkplatz gehen.

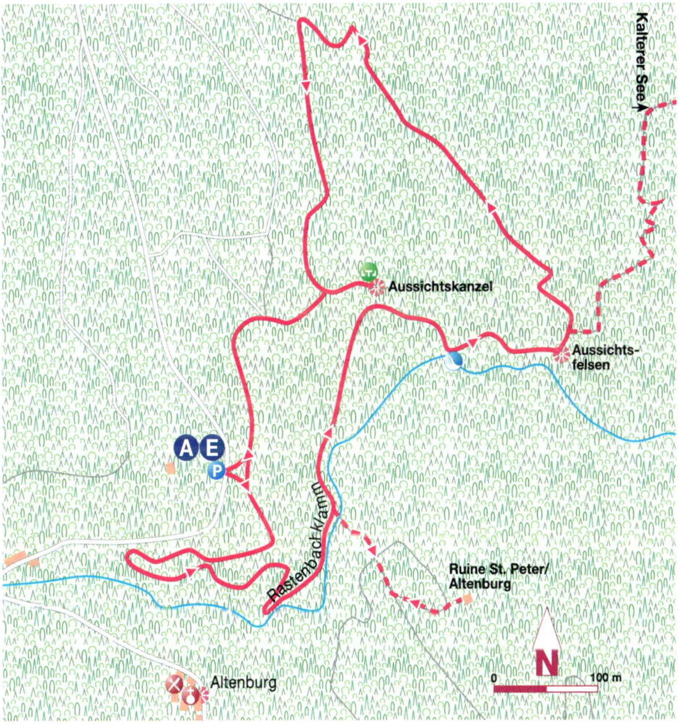

34 Am Kalterer See

Baden, Minigolfen, Wandern oder Tretboot fahren

Der Kalterer See ist einer der größten Seen Südtirols und trotz der hervorragenden touristischen Infrastruktur ein Biotop geblieben. An seinem Nordufer erfreuen sich Badenixen und Schiffspiraten, am Südufer haben Naturliebhaber und Vögelfreunde ihren Spaß.

Auf was haben wir heute Lust? Hier am Kalterer See können wir gleich mehreren Freizeitangeboten nachkommen. Eltern mit größeren Kindern können in ca. zweieinhalb Stunden den See bei einer WANDERUNG umrunden. Ab dem Lido ist der Weg über das Nordende und seine östliche Uferseite, also im Uhrzeigersinn, hervorragend ausgeschildert. Besonders am südlichen Uferende erwarten uns die weiten Schilfzonen mit ihrem VOGELPARADIES, wobei wir gerade hier nicht nahe an das Wasser herangehen können. Dafür führt der Weg spannend auf Stegen über sumpfige Moorflächen auf dem NATURERLEBNISWEG.
Im Sommer hingegen ist das BADEN IM GRÜNEN KALTERER SEE ein unabdingbares Muss. Während im Süden der See der Natur allein zur Verfügung steht, haben wir am Nordende die Qual der Wahl zwischen vier

Ausgangs-/ Endpunkt: Parkplatz am Kalterer See
Anfahrt: Auf der SP 14 über Kaltern zum Kalterer See; die erste Einfahrt in Richtung Klughammer ignorieren wir und fahren bis zum großen gebührenpflichtigen Parkplatzgelände am Lido und Seegarten
Tourencharakter: Fast ebene Wanderung, wenig Schatten; mit Kinderwagen befahrbar
Weglänge: 7,5 km
Höhenmeter: 140 m
Gehzeit: 2 Std. 30 Min.
Ausrüstung: Leichte Wanderschuhe, Sonnenschutz und Mückenmittel
Preise: Tretboot-Verleih 30 Min. 5,50 €, 1 Std. 9,50 €, Minigolf Erwachsene 4 €, Kinder 2,50 €
Einkehr: In allen Seebädern gibt es Einkehrmöglichkeiten
Information: Tourismusverein Kaltern, Marktplatz 8, 39052 Kaltern, Tel. +39/0471/96 31 69 www.kaltern.com

Seebädern. Ein Seebad, der Klughammer, liegt am nordöstlichen Uferbereich, wohingegen sich die anderen drei unmittelbar am großen Parkplatz befinden. Neben dem Seegarten und dem Campingplatz Gretl am See gibt es noch das **FREIBAD LIDO KALTERN**. In allen kommt man gegen Eintritt ans und ins Wasser.

Besonders schön ist das Lido, dessen Name an einen Strandtag in Italien erinnert. Dabei fällt es schon architektonisch aus dem Rahmen. Sonnendecks, Kinderbecken, aufregende Spaßbecken, Duschen, Beachvolleyballfelder und ein Spielplatz nebst Restaurantbetrieb – hier schlagen alle Kinderherzen höher, auch wenn manch Erwachsener beim Anblick des Trubels am liebsten seine Ohropax dabei hätte. Aber auch die anderen Seebäder bieten alles für einen rundum gelungenen Badetag: grüne Liegewiesen und hölzerne Badestege nebst **TRETBOOTVERLEIH** und Eisverkauf. So findet bestimmt jeder Besucher sein Lieblingsplätzchen am Kalterer See.

FÜR SPARFÜCHSE

In der Zeit von 6.30-8.30 Uhr und von 19-21.30 Uhr darf man den Steg des Lido Kaltern kostenfrei als Zugang zum See benützen. Die sanitären Anlagen, aber auch das Sonnendeck oder die Liegewiese sind dann aber tabu. Damit will man vor allem Einheimischen die Möglichkeit geben, in ihrem See eine Runde kostenfrei und vor allem der Uhrzeit entsprechend ruhig zu schwimmen.

Nicht immer ist es am Kalterer See so ruhig wie auf diesem Foto.

HEY KIDS,

noch Lust auf eine Runde **MINIGOLF**? Auf der anderen Seite der Parkplätze in der Nähe der Einfahrt liegt ein netter kleiner Minigolfplatz.

35 Durch die Bletterbachschlucht

Urzeitgeschichte im Wasserbett und im Museum

Dinosaurierspuren und Versteinerungen wie Muscheln, Schnecken und Pflanzenabdrücke – all das kann man in der Bletterbachschlucht finden, denn dort lag anstelle der Alpen einst ein tropisches Meer. Im Laufe der Jahrmillionen hat der Bletterbach eine tiefe Schlucht gegraben und dabei alle erdenklichen Schichten der geologischen Vergangenheit Südtirols freigelegt.

So können wir auf dieser Wanderung heute im Geschichtsbuch der Erde blättern. Wir wandern mitten durch die HERRLICHE SCHLUCHT mit ihren wilden Felsformationen. Steine in allen Farben liegen im Bachbett. Sie zeugen von der vielschichtigen geologischen Vergangenheit Südtirols. Bozener Quarzporphyr, Grödner Sandstein, Bellerophon- und Werfener

Ausgangs-/ Endpunkt: Geoparc Bletterbachschlucht bei Aldein
Anfahrt: Auf der Brennerautobahn A 22 bis Ausfahrt Neumarkt-Auer; weiter auf der SS 12 Richtung Auer, dann vor Auer rechts in den Tunnel über Montan nach Aldein; an Aldein vorbei und dann der Beschilderung zur Bletterbachschlucht bis zu einem großen Wanderparkplatz folgen
Ausrüstung: Festes Schuhwerk ist für die Wanderung unbedingt nötig; es besteht Helmpflicht für die Wanderung durch die Schlucht; Helme bekommt man im Museum geliehen
Öffnungszeiten: Durch die Schlucht kann man normalerweise gut von Mai bis Ende Oktober gehen, dann hat auch das Museum täglich 9.30–18 Uhr geöffnet; es kommt jedoch immer wieder vor, dass die Schlucht aufgrund von Erdbewegungen gesperrt werden muss, deshalb in jedem Fall vorab im Internet erkundigen
Preise: Erwachsene ohne Führung aber mit Helm und Museumseintritt 5 €, Kinder unter 16 Jahren frei; mit Führung Erwachsene 12 €, Familienkarte 28 €
Einkehr: Unterwegs keine, alternativ liegt ca. 20 Min. Fußmarsch vom Parkplatz entfernt die hübsche Lahneralm
Information: Besucherzentrum Geoparc Bletterbach, Lerch 40, 39040 Aldein, Tel. +39/0471/88 69 46, www.bletterbach.info

Heute braucht man für die Wanderung durch die Schlucht Helme.

Schichten – jede Gesteinsart erzählt von einer anderen Zeitgeschichte. Damit wir sie überhaupt erkennen, stehen zum Glück überall große **INFORMATIONSTAFELN** entlang des Weges, die alle wichtigen Epochen erklären. So dürfen wir uns auch getrost alleine auf diesen Ausflug in die Erdgeschichte machen, auch wenn natürlich eine Führung um vieles informativer ist.

Es ist natürlich sinnvoll, vor der Wanderung das **GEOPARC MUSEUM** zu besuchen, um im Vorfeld die einzelnen Gesteins-

TIPP

Täglich um 10.30 Uhr gibt es eine interessante Führung. Sie dauert insgesamt ca. drei Stunden, 200-250 Höhenmeter werden dabei auf einer Länge von 4,6 Kilometern bewältigt. Wenn viele Kinder und Jugendliche dabei sind, richten sich die Führer nach diesen und erzählen »leichtere« Erd- und Steingeschichten.

schichten besser zu verstehen. Hier kann man auch ein geologisches Begleitbuch erwerben sowie weitere Publikationen zu diesem Thema.

Den Einstieg in die Schlucht finden wir am dem Museum entgegengesetzten Ende des Parkplatzes. Zunächst geht es einige Höhenmeter auf einem breiten Wanderweg hinab. dann treffen wir auf erste Treppenstufen, die uns die letzten Meter hinab in die Schlucht bringen. Im Sommer ist der Bletterbach ein gemütlich vor sich hin sprudelndes Bächlein, das man einfach mithilfe einiger größerer Steine überqueren kann. Es ist schier unglaublich mit welcher Kraft der Bletterbach seit der letzten Eiszeit den Berg Stück für Stück freilegt und abträgt. Mittlerweile hat er sich auf einer Strecke von acht Kilometern bis zu 400 Meter tief in die unterschiedlichen Zeitalter hinabgefressen. Aber auch ohne dass man die Steine bis ins letzte Detail umdrehen will ist der Anblick der Schlucht beeindruckend. Steil heben sich die Wände über uns. Gleich manchen amerikani-

ACHTUNG

Die Schluchtenwanderung ist sehr stark wetterabhängig. Bei Regen oder Gewittergefahr darf man gar nicht in die Schlucht einsteigen. Der Flusspegel kann überraschend schnell ansteigen und dann gibt es keine Ausweichmöglichkeiten! Manchmal reicht es auch, wenn es am Tag vorher geregnet hat, auch dann kann man nicht unbedingt hinunterwandern, selbst wenn die Sonne wieder scheint. Ebenso kann es besonders im Frühjahr bei Schneeschmelze zu Steinschlag kommen. Also Vorsicht, und nicht zu nahe an die Abrisskanten wandern.

Steine gibt es hier genug und der Phantasie sind keine Grenzen gesetzt.

schen Canyons sind die Wände stark zerklüftet und weisen die unterschiedlichsten **FARBSCHATTIERUNGEN** auf. Es gibt ganz **SKURRILE FELSFORMATIONEN**, die an Gesichter erinnern und beliebte Fotomotive abgeben. Die Canyon-Wanderung ist erdenklich einfach. Wir wandern flussaufwärts bis kurz vor das Butterloch am Ende der Schlucht. Hier führt links der **JAGASTEIG** über viele Treppenstufen, vorbei an Informationstafeln, aufwärts. Oben kann man dann der Forststraße über den Waldlehrpfad zurück zum Ausgangspunkt folgen.

Der Bletterbach legt deutlich sichtbar die einzelnen Erdschichten frei.

Aus dem Tal betrachtet erkennt man die Kraft des Wassers am Berg noch deutlicher.

Was Sie trotz Kindern gesehen haben müssen

36 Bozen – Spaziergänge durch die Hauptstadt Südtirols

Bozen, die Hauptstadt Südtirols, könnte nicht spannender und gegensätzlicher sein. Kunstgeschichtlich in vielen Epochen verewigt steht die Stadt heute mit einem Bein als typische Italienerin da, mit dem anderen Bein als tief verwurzelte Tirolerin. Dabei hat Bozen niemals verlernt, sich im richtigen Takt und Rhythmus zu bewegen, sodass sich beide Seiten immer mehr miteinander vermischen.

Westlich der Talfer pulsiert **MEDITERRANES FLAIR** in den Straßen von Bozen. In den unzähligen Bars entlang der modernen, aber leider oft gesichtslosen Straßenzüge wird italienisch palavert und diskutiert, sogar die Mofas fahren hier einen Tick schneller und impulsiver. Östlich des Flusses überwiegt das typische, oft schon kitschige Südtiroler Blauschürzen-Klischee, gepaart mit der überaus liebevollen historischen Altstadt. Der beste Tag, um diese Stadt zu besuchen und vor allem die zwei verschiedenen

Ausgangs-/ Endpunkt: Waltherplatz Bozen
Anfahrt: Auf der A 22 bis Autobahnausfahrt Bozen Nord; der Beschilderung ins Zentrum folgen und am besten gleich dort z. B. im City Parkhaus parken, das erspart einem die lästige Parkplatzsuche; zu Fuß sind es von dort ca. 10 Min. in die Innenstadt bis zum Waltherplatz
Einkehr: In Bozen gibt es unendlich viele Möglichkeiten, immer wieder eröffnen neue In-Lokale, aber auch die alten Traditionshäuser sind zu empfehlen; ein Cappuccino z. B. beim Süßwarenhersteller Loaker, der ein Kaffeehaus auf dem Waltherplatz betreibt, ist fast ein Muss; sehr nett sitzt und vor allem lecker isst man in der historischen Franziskanerstube in der Franziskanergasse 7; ein beliebter Treffpunkt ist die Streitergasse, die parallel zur Laubengasse verläuft, hier treffen sich vor allem am Samstagmittag viele Leute auf einen Aperitif, der auf der Straße eingenommen wird, oder sie essen eine Kleinigkeit in den vielen Szenelokalen
Information: Verkehrsamt Stadt Bozen, Waltherplatz 8, 39100 Bozen, Tel. +39/0471/30 70 00, www.bolzano-bozen.it

Der Waltherplatz ist das Herz der Stadt Bozen.

Gesichter kennenzulernen, ist definitiv der Samstag. Dann ist **MARKTTAG IN BOZEN** und westlich der Talfer, an der Piazza della Vittoria mit ihrem Triumphbogen, geht es rund. Stände reihen sich dicht an dicht, Händler preisen ihre Waren an, und alles, was sich bewegen kann, schiebt und drängelt sich mit Hund, Kinderwagen und der Oma durch die engen Stände. Vor allem in der angrenzenden Via Cesare Battisti stehen die Obst-, Gemüse-, Fisch- und Kaminwurzen- nebst Tiroler-Speck-Händler. Ein buntes Bild, wie aus dem tiefen italienischen Süden. Spitze Ehemänner-Zungen behaupten, nur Frauen macht der Bozener Markt so richtig Spaß, aber es gibt auch Kinder, die sich in dem Trubel und Chaos sehr wohlfühlen. Wenn es dann doch einmal zu viel für alle wird, geht man einfach zur **TALFER**. Dort liegen etwas in nördlicher Richtung

TIPP

Ganz ohne **AUTO ODER ÖFFENTLICHE VERKEHRSMITTEL** schaffen wir diesen Rundgang nicht, dafür ist Bozen einfach zu groß. Sowohl Gries als auch die Burg Runkelstein besuchen sich leichter mit dem Bus oder dem eigenen Auto als zu Fuß. Am einfachsten und am schnellsten geht es vom Waltherplatz aus mit dem Bus. Nach Runkelstein fährt der Bus Nr. 12 oder ein kostenloser Shuttlebus, dessen Fahrzeiten man telefonisch unter Tel. +39/0471/32 98 08 erfragt. Nach Gries fährt der Bus Nr. 10.

Spielplätze in den großzügig angelegten Grünuferzonen, wo man sich nach dem Shoppingrausch erholen kann und die Kids sausen dürfen.

Für eine ausgedehnte Stadtbesichtigung begeben wir uns dann auf die Altstadtseite, östlich der Talfer und beginnen an der großen **PIAZZA WALTHER**, dem Hauptplatz der Stadt.

Das **HERZ VON BOZEN** schlägt am Waltherplatz, der seinen Namen von dem Minnesänger Walther von der Vogelweide hat bzw. von dem gewaltigen Denkmal in der Platzmitte, das an ihn erinnern soll. Von hier aus wollen wir unseren Rundgang durch die Stadt Bozen beginnen. Unser erstes großes Ziel steht unmittelbar neben dem Waltherplatz, das ist der große gotische **DOM MARIÄ HIMMELFAHRT**. Ein Vierteljahrtausend wurde an dem Gotteshaus gebaut, sein Westportal mit den mächtigen Wächterlöwen geht noch in die Zeit der Romanik zurück. Im Inneren der Kirche dominiert die gotische Architektur, der barocke Hochaltar fügt sich angenehm unauffällig ein.

Vom Dom gehen wir nochmals über den Waltherplatz und erreichen über den Kornplatz, an dem einst die Burg der Stadtgründer, der Bischöfe von Trient, stand, die **LAUBENGASSE**, die berühmte Shopping-Meile der Stadt. Hier gibt es alles zu kaufen, was das Herz begehrt. Am westlichen Ende der Lauben treffen wir auf den berühmten Obstmarkt, der definitiv dazu verlockt, ein paar der süßen Trauben zu erstehen.

Dann sollten wir uns den berühmten Mann aus dem Eis, den Ötzi, anschauen. Die Museumstraße, eine Verlängerung der Laubengasse, führt uns direkt zum **ARCHÄOLOGIEMUSEUM**, in dem der mehr als 5000 Jahre alte Sensationsfund aus den Ötztaler Alpen aufbewahrt wird. Übrigens ein absolut interessanter Kindertipp (siehe Tour 24).

Vom Museum aus gehen wir am besten vor zur Talferbrücke und dort vor dem Fluss auf der Bozener Wassermauer durch die weitläufigen Grünanlagen nach rechts zur **BURG MARETSCH**. Auf dem Weg dorthin können die Kinder nach Herzenslust sausen und sich an einem Spielplatz austoben. Die Burg ist, obwohl sie doch fast direkt in der Stadt liegt, umrahmt von Weinfeldern und steht mitten im Grünen. Die Aussicht über die Weinfelder auf den Rosengarten in den Dolomiten gilt als legendär. Ihre heutige Form hat sie im 16. Jahrhundert durch die Bozener Familie Römer erhalten, die sie reich mit Fresken ausgestattet haben. Man kann sie mit Führung besichtigen, den genauen Termin erfährt man bei der Tourist-Info Bozen. Um den Kindern den Besuch schmackhaft zu machen, kann man ihnen eine der vielen **GRUSELIGEN SAGEN** (siehe Kasten) erzählen, die sich um die Entstehung der Anlage ranken.

Nachdem wir die Burg besucht haben, überqueren wir den großen Parkplatz auf ihrer Ostseite und gehen auf der Medici-Straße wieder stadteinwärts. In die Wanger Gasse biegen wir links ab, um dann in der **FRANZISKANER GASSE** die alte Franziskanerkirche zu besuchen. Zunächst erwartet uns ein grandioser Kreuzgang aus gotischer Zeit, der über und über mit gotischen Fresken ausgemalt ist. Die Klosterkirche stammt ebenfalls

Am Obstmarkt findet man immer Leckereien.

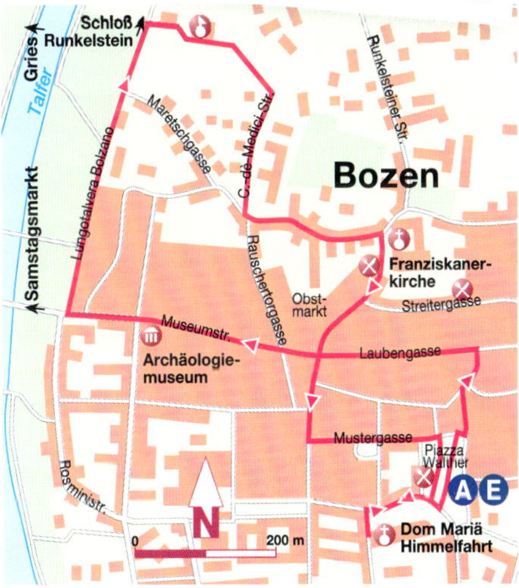

aus der Zeit der hohen Gotik, ihr ebenmäßiges Kreuzrippengewölbe bricht die Strenge der hochaufragenden Pfeiler des Kirchenschiffes. Der absolute Höhepunkt ist jedoch der Hochaltar. Hans Klocker aus Brixen hat ihn um 1500 geschaffen. Im Schrein ist die Szene nach der **GEBURT JESU** dargestellt. Maria und Josef knien neben dem Jesuskind, Ochs und Esel blicken von hinten auf das Geschehen. Diese wunderbare Weihnachtsszene gefällt bestimmt auch Kindern. Der Franziskaner Gasse weiter folgend kommen wir wieder zur Laubengasse, von der aus wir an den Waltherplatz zurückkehren.

TIPP

Die **DRAMATISCHE GESCHICHTE** rund um die Burg Maretsch soll sich, so wird zumindest erzählt, kurz nach der Erbauung der Burg, etwa um 1300, zugetragen haben. Klara, die Erbin der Burg, war mit einem Ritter verheiratet, der wie viele andere auch das Kreuz nahm, um an einem Kreuzzug teilzunehmen. Klara wartete einige Jahre auf die Rückkehr ihres Mannes. Eines Tages kehrte er zurück und klopfte unerkannt als Bettler an ihrer Tür. Um die Treue seiner Frau zu überprüfen, erzählte er ihr, dass ihr Mann im Kampf gefallen war. Als Klara dies hörte, stand sie auf, bestieg den hohen Burgturm und stürzte sich herab. Noch heute wartet sie als Burggeist auf ihre Erlösung.

Die nächsten beiden Ziele, Schloss Runkelstein und Gries mit seinem Kloster Muri und der alten Pfarrkirche, liegen etwas außerhalb der Altstadt. Wer zu Fuß gehen will, braucht nach Gries etwa eine halbe Stunde, zum Schloss Runkelstein etwa eine Stunde.

RUNKELSTEIN wird heute als Schloss bezeichnet, ist aber in seiner ganzen Erscheinungsform eine richtige Burg mit Wehrmauern. Nur der Burgturm fehlt, er wurde durch eine Explosion noch zur Zeit Kaiser Maximilians I. zerstört. Die Burg steht auf einem Felsen über der Talfer am Eingang des Sarntals nördlich der Altstadt von Bozen und wurde 1237 erbaut, um den Weg durch das Sarntal über das Penser Joch nach Norden zu kontrollieren. Heute betreten wir die Burg (täglich außer Montag geöffnet) durch das massive Burgtor und werden dann sofort in Versuchung geführt. Wir stehen nämlich direkt vor der Burgschänke und deren Marenden, wie man in

Die Burg Runkelstein bildet den Talabschluss zum Sarntal hin.

Südtirol die Brotzeiten nennt, haben einen ausgezeichneten Ruf. Im Inneren der Burg (ab jetzt wird Eintritt fällig) finden wir den weltweit größten profanen **FRESKENZYKLUS DES MITTELALTERS**, der Kunsthistorikern Aufschluss darüber gibt, wie sich das höfische Leben gestaltete. Außerdem kann man dort einiges über den damaligen Zeitgeist, z.B. auch in puncto Mode lernen. Wir empfehlen, wenn möglich, an einer der Führungen teilzunehmen. Allein übersieht man die vielen netten Details, die in den Bildern gezeigt werden.

Unser zweites Fernziel ist der alte **STADTTEIL GRIES** am westlichen Talfer-Ufer. Gries war bis 1925 eine eigenständige Gemeinde, wenn auch mit Bozen damals schon ziemlich zusammengewachsen, und lebte hauptsächlich vom Weinbau. Das brachte Geld in die Kassen der Grieser Bürger und damit konnten sie sich für ihre Pfarrkirche einen Altar leisten, der heute zu den großen Werken der Kunstgeschichte gezählt wird. Es ist der gotische **ALTAR MARIA KRÖNUNG VON MICHAEL PACHER**, der in einer unglaublichen Feinheit die Szene zeigt, in der Maria im Himmel von den drei göttlichen Personen empfangen wird. Noch mit einem zweiten Highlight kann Gries aufwarten: Die **BENEDITKINERABTEI MURI-GRIES**. In ihr findet man den Höhepunkt des Schaffens von Martin Knoller, dem Meister der Barockkunst, der 1725 in Steinach am Brenner geboren wurde. Von ihm stammt übrigens auch das große Deckenfresko im oberbayerischen Ettal.

Bei all den geistigen Genüssen nicht vergessen sollte man in Muri-Gries die Weltlichkeit. Die Klosterweine Lagrein und St. Magdalener haben Tradition seit 600 Jahren, in der Vinothek lassen sie sich verkosten und natürlich auch erwerben.

Seis liegt direkt unterhalb des mächtigen Schlern Felsmassivs.

DAS EISACKTAL
UND DIE
DOLOMITEN

37 Zum Völser Weiher

Baden und Bootstour unterm Schlern

Der wunderbare Anblick des kleinen Völser Weihers, in dem sich die Felswände des nahen Schlerns spiegeln, lässt keinen Südtirol-Fan kalt. Kinder registrieren hingegen schnell die prima Badesituation oder fixieren sich lieber auf eine kleine Bootstour.

TIPP

Wer es lieber einsamer mag, steigt vom Völser Weiher zum nahen HUBER WEIHER hinauf, der erstem in puncto Aussicht auf den Schlern in nichts nachsteht. Dort darf man zwar nicht baden, findet aber trotzdem einige schöne Liegeflächen für ein Sonnenbad.

Etwas abseits und oberhalb der kleinen Gemeinde Völs liegt der VÖLSER WEIHER direkt am Fuße des mächtigen Schlern. Der SCHLERN gilt mit seinem vorgesetzten Felsriegel, der Santner- und Euringerspitze, als Wahrzeichen

Ausgangs-/ Endpunkt: Parkplatz am Völser Weiher
Anfahrt: Von Bozen kommend auf der SP 24 nach Völs, durch den Ort und dann rechts der Beschilderung zum Völser Weiher folgend den Berg hinauf; am Ende der Straße liegt ein großer gebührenpflichtiger Parkplatz; von Brixen kommend auf der SP 24 über Seis in Richtung Völs, dann liegt die Abzweigung zum Völser Weiher vor dem Ort links; ein Ampelsystem zeigt im Sommer an, ob es noch freie Parkplätze gibt
Tourencharakter: Spaziergang auf fast ebenem Weg, mit Kinderwagen befahrbar
Weglänge: 1,2 km
Höhenmeter: 20 m
Gehzeit: 30 Min.
Ausrüstung: Badesachen im Sommer, Sonnenschutz und Mückenmittel, leichte Schuhe genügen
Preise: Tretboot-Verleih 30 Min. 5 €, 1 Std. 9,50 €
Einkehr: Im Restaurant Völser Weiher
Information: Tourismusverein Völs, Bozenerstraße 4, 39050 Völs am Schlern, Tel. +39/0471/72 50 47, www.voels.it

des Eisacktals, sticht er doch durch seine charakteristische Form von allen Seiten im Tal hervor. Der Weiher ist nicht natürlichen Ursprungs, sondern wurde im 16. Jahrhundert als Fischweiher wahrscheinlich für die Herrscher der nahen Burg Prösels angelegt. Er besitzt eine Tiefe von gerade einmal dreieinhalb Metern und verfügte lange nur über einen geringen Wasserzulauf, der die Wasserqualität nicht unbedingt positiv veränderte. So wurde bereits in den 70er-Jahren sein Wasseraustausch durch Schaffung eines künstlichen Zuflusses erhöht. Seitdem zählt der Völser Weiher zu den **BELIEBTESTEN BADESEEN** in Südtirol.

Vom großen Parkplatz wandern wir in wenigen Minuten zum Südufer des Sees, der fast rundherum von Wald umgeben ist. Einladend schimmert das Wasser in seiner grünen Farbe und hoffentlich haben wir im Sommer die Badesachen nicht vergessen. Bei einem kleinen **SPAZIERGANG** lässt sich der See in weniger als einer halben Stunde

Am Völser Weiher kann man Ruderboote ausleihen.

Die kleinen hölzernen Schleiereulen bewachen den Eingang zum Naturpark Schlern.

Oben: Ein Kneipptretbecken sorgt für eine gute Durchblutung.

umrunden. Auf seiner Südwestseite wächst viel Schilfgras am Ufer. Hier sind die Uferzonen für Badegäste gesperrt, sie sind als Biotop ausgewiesen. Am Ostufer hingegen gibt es einen Lido mit hölzernen Sonnendecks und gutem Wasserzugang nebst Duschen, Toiletten und einem Kneipp-Tretbecken, alles für einen entspannten Badeaufenthalt. Am kleinen Café Restaurant Völser Weiher kann man sich überdies **RUDERBOOTE** ausleihen und in See stechen …

In der Nähe des Hotels Waldsee, das gleich zu Beginn am Parkplatz liegt, gibt es einen **VOLLEYBALLPLATZ** und einen **SPIELPLATZ**.

Leider ist der See im Sommer oft überlaufen, denn es gibt nicht viele Alternativen in der Umgebung. Der Völser Weiher eignet sich jedoch zu jeder Jahreszeit, ein Spaziergang entlang des Trimm-dich-Pfades bei einer Umrundung lässt Kinder wie von allein sausen, und wer im Winter kommt, kann auf dem See Schlittschuh laufen.

Auf dem Oswald von Wolkenstein Weg

38

Burgenrunde bei Seis

Bei dem ganzen Rummel, der sich im Ort Seis meist nur um die Seiser Alm dreht, ist es kaum vorstellbar, dass es gerade für Familien mit Kindern auch noch ruhige Wanderwege gibt. Dafür wurde der Oswald von Wolkenstein Weg angelegt, spannend und kinderfreundlich zugleich führt er meist im Schatten durch die Wälder oberhalb von Seis.

OSWALD VON WOLKENSTEIN, der berühmte einäugige Dichter und Minnesänger, ist einer der beliebtesten Volkshelden Südtirols. Er war Burgherr in der heutigen Burgruine Hauenstein, die wir auf dieser Wanderung besuchen werden.
So starten wir vom Parkplatz der Seiser Alm Bahn und wandern zur Zufahrtsstraße. Dort biegen wir nach links und folgen wenige Meter der geteerten Straße auf einem Gehweg. An der Abzweigung zum Hotel Salegg biegen wir auf die ansteigende Straße ein. Das Hotel erreichen wir schließlich nach gut zehn Minuten und passieren es auf seiner linken Seite. Dann beginnt erneut links unser Oswald von Wolkenstein Weg, dem wir nun weiter folgen.

Ausgangs-/ Endpunkt: Seiser Alm Bahn in Seis
Anfahrt: Auf der Brennerautobahn A 22 bis Ausfahrt Klausen Säben; Richtung Bozen, dann links über Kastelruth weiter nach Seis; die Seiser Alm Bahn ist ausgeschildert, dort gibt es einen großen kostenlosen Parkplatz
Weglänge: 6 km
Höhenmeter: 220 m
Gehzeit: 2 Std.
Ausrüstung: Feste Schuhe und Pulli oder Jacke, im Wald kann es kühl sein
Einkehr: Unterwegs keine
Information: Seiser Alm Marketing, Compatsch 50, 39040 Seiser Alm, Tel. +39/0471/72 79 04 www.seis.it

WISSENSWERTES

»Zergangen ist meins herzen we,
seid das nu fliessen will der snee ...
ich hör die voglin gros und klain
in meinem wald umb Hauenstain ...«
Mit diesen Zeilen verkündet Oswald von Wolkenstein seine Freude über den weichenden Winter. Um das zu verstehen, darf man eine Burg nicht durch die Brille der Romantik betrachten. Das Leben in einer Burg war alles andere als gemütlich. Es galt schon als Fortschritt, wenn in einem einzigen Raum ein offener Kamin stand. Die Fenster waren höchstens mit Schweinsblasen verschlossen, überall pfiff der Wind durch die Gänge. Logisch, dass die Freude über den ersten warmen Tag im Jahr riesengroß war.

Vorbei an der ersten Station des **THEMENWEGES** gelangen wir zur **RUINE SALEGG** und genießen die erste tolle Aussicht auf Seis und das Eisacktal.

Jetzt wird es deutlich flacher, der Weg führt nach links weiter, vorbei an weiteren Stationen, wie zum Beispiel dem mit einem Abstecher erreichbaren **GROSSEN GESCHICHTSBUCH**, geht es durch den Hauensteiner Wald.

Kurz danach haben wir die **RUINE HAUENSTEIN** erreicht, die nun auch erobert werden will. Burg Hauenstein steht auf einem riesengroßen Felsblock, der irgendwann einmal vom Schlern abgestürzt ist. Sie wurde im 12. Jahrhundert erbaut und stand damals kei-

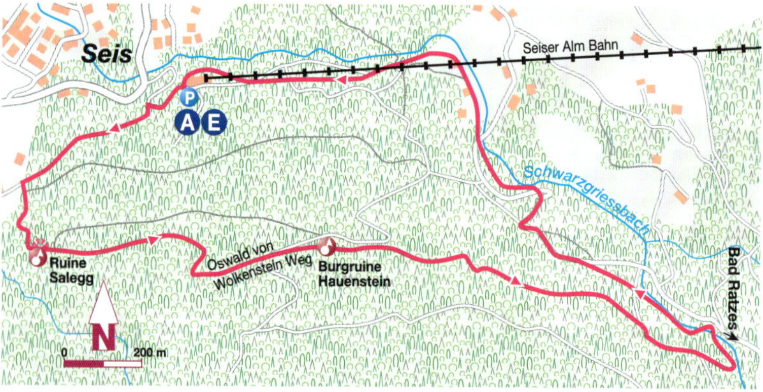

Von der Burgruine Salegg können wir eine herrliche Aussicht genießen.

neswegs einsam im Wald. An ihr vorbei führte ein vielbegangener Weg vom Eisacktal Richtung Venedig, der sowohl von der Burg Hauenstein als auch von der westlich gelegenen Burg Salegg kontrolliert werden sollte. Der Minnesänger Oswald von Wolkenstein, nachdem unser Weg benannt ist, erbte 1416 einen Anteil an der Burg Hauenstein. Er hielt sich dort aber ganz selten auf, denn er war praktisch sein ganzes Leben lang auf Reisen quer durch Europa.

Unterhalb der Ruine führt unser Themenweg weiter. Nach links gibt es kurz darauf eine Abzweigung nach Seis, so könnten wir die Wanderung vorzeitig abkürzen. Mehr Themenstationen rund um die RITTER UND DICHTER gibt es aber, wenn wir den Weg bis Bad Ratzes fortsetzen. Dort endet dann der Weg an einer Forststraße.

Zurück nach Seis wandern wir nun nach links, treffen auf die Fahrstraße nach Bad Ratzes und wandern erneut nach links auf dem Waldweg, der gleich darauf parallel zur Fahrstraße verläuft. Wieder treffen wir auf die Fahrstraße und folgen ihr ein weiteres Stück bergab. Die Straße biegt nach rechts ab, wir gehen geradeaus in den kleineren Weg. Er führt uns zu einem Feldkreuz unterhalb der SEISER ALM BAHN. Hier folgen wir nun links der Beschilderung nach Seis und wandern mit schöner Aussicht parallel zur Bahn bergab zurück bis zu unserem Ausgangspunkt.

39 Zum Barbianer Wasserfall

Wasser marsch

Der Ganterbach ist insgesamt nur sechs Kilometer lang. Dabei muss er 1510 Höhenmeter überwinden, bis er schließlich bei Kollmann in die Eisack fließt. So sprudelt, schäumt und stürzt sich der Barbianer Wasserfall über mehrere Felskaskaden in die Tiefe. Ein herrliches Naturschauspiel, das besonders an warmen Tagen seinen Reiz hat.

TIPP

Eine alternative und ebenfalls wunderschöne Wanderung führt von Barbian hinauf nach **BAD DREIKIRCHEN**. Dort liegen drei kleine Kirchlein ganz eng zusammengebaut auf einer ruhigen Almwiese. Gute Einkehrmöglichkeiten!

Wir beginnen in **BARBIAN** an der Pfarrkirche und gehen mit dem Portal im Rücken die Dorfstraße entlang. Unmittelbar nach dem letzten Haus, Haus Urban, auf der rechten Seite, steigen wir ebenfalls

usgangs-/ Endpunkt: Kirche von St. Barbian
Anfahrt: Auf der Brennerautobahn A 22 bis Ausfahrt Ausfahrt Klausen; auf der SS 12 links bis Waidbruck, hier rechts hinauf nach Barbian; einige Parkplätze im Ort vorhanden
Tourencharakter: Unschwierige Rundtour, nur beim Abstieg vom oberen Wasserfall zum unteren braucht man auf dem schmalen Steig etwas Trittsicherheit
Weglänge: 4,3 km
Höhenmeter: 350 m
Gehzeit: 2 Std. 30 Min.
Ausrüstung: Feste Schuhe sind nötig, der Abstieg von der oberen zur unteren Kaskade ist sehr steil und kann rutschig sein; besser nicht nach einer Regenperiode begehen
Einkehr: Unterwegs keine, direkt in Barbian gibt es mehrere Möglichkeiten; im Gasthaus zur Traube gibt es ein sehr gutes Dreierlei an Tiroler Spezialitäten: Kasknödel, Schlutzkrapfen und Spinatnockn
Information: Tourismusverein Barbian, Dorf 10, 39040 Barbian, Tel. +39/0471/65 44 11 www.barbian.it

rechts aufwärts. Wir folgen der Beschilderung zum Wasserfallweg zunächst ständig auf dem Weg Nr. 6a. Dabei gewinnen wir rasch an Höhe und passieren einige allein stehende Höfe, an denen im Frühjahr die Obstbäume

In einer großen Familie mit vielen Kindern laufen sogar die Kleinsten ganz von alleine.

herrlich blühen. Unser Wanderweg wechselt von kleinen Teerstraßen zu **WIESEN- UND WALDWEGEN**. Über das Eisacktal haben wir eine **HERRLICHE AUSSICHT** bis zu den Dolomiten. Immer weiter kommen wir nach oben. Ab den Höfen Stich-Flatsch Mantinger folgen wir nun der Nr. 6, die zum Wasserfall ausgeschildert ist. Nach insgesamt etwas mehr als eineinhalb Stunden, kurz bevor wir ganz im Wald verschwinden, sehen wir dann bereits das weiß schäumende, stürmi-

Immer wieder erlebt man fantastische Ausblicke über das Eisacktal.

sche Ungetüm, den obersten **WASSERFALL**.
Den haben wir dann kurz darauf auf einem schmalen Pfad erreicht. Das Wasser spritzt in alle Himmelsrichtungen und die Luft hat gefühlte 100 % Feuchtigkeit. Besonders im Sommer ein herrlicher Spaß, der für Abkühlung sorgt.
Zum untersten und mit **85 METERN FALLHÖHE** höchstem Wasserfall folgen wir einfach der Wegmarkierung Nr. 6 abwärts. Nun müssen wir ein wenig aufpassen, der Weg ist steil, schmal, führt an einigen Felsen vorbei und ist an manchen Stellen von Wurzeln überzogen. Wir müssen zwar nicht klettern, aber ein bisschen trittsicher sollte man schon sein. Bald stehen wir an der untersten **KASKADE**, wo vor lauter Getöse eine Unterhaltung kaum mehr möglich ist. Nachdem wir uns zum letzten Mal erfrischt haben, steigen wir nun das restliche Stück hinab und verlassen am Judhof den Wald. Nun folgen wir nur noch den Straßenkehren, bis wir Barbian wieder erreichen.

Vom oberen Wasserfall gelangen wir zum unteren.

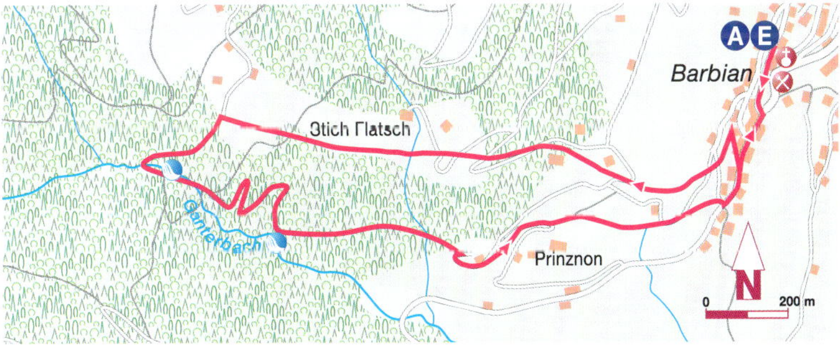

40 Franzensfeste

Für einen Feind, der niemals kam

Wer bereits öfter über die Brennerautobahn nach Italien gefahren ist, kennt die mächtige Festung Franzensfeste zumindest vom Vorbeidüsen. Düster, unnahbar und mit viel Beton riegelt sie das Eisacktal nach Süden ab.

Kinder, insbesondere Jungs, finden diese Militäranlage natürlich ungemein spannend, erinnert ihr Äußeres mit den Schießscharten und den mächtigen Mauern ja an eine Burg.
Seit 2007 kann man diese **FESTUNG** nun besichtigen. Nachdem sie bis 2003 als italienische Militärkaserne diente und bereits ziemlich verfallen war, wurde sie anlässlich der europäischen Biennale für zeitgenössische Kunst wieder geöffnet.
Anfangs nur für die Kunstausstellung, wurde sie die letzten Jahre soweit renoviert, dass nun auch größere Veranstaltungen wie Konzerte, Theateraufführungen oder Open-Air-Kino dort stattfinden können.
Seit Längerem gibt es aber auch eine Dauerausstellung, die man entweder im Rahmen einer Führung oder selbstständig besichtigen kann. Sie zeigt und erklärt äußerst spannend die faszinierende Geschichte des Boll-

Ausgangs-/ Endpunkt: Festung Franzensfeste
Anfahrt: Auf der Brennerautobahn A 22 bis Ausfahrt Brixen/Pustertal; links Richtung Brenner abbiegen, dann kommt man gleich nach Franzensfeste; großer gebührenpflichtiger Parkplatz auf der rechten Seite
Ausrüstung: Feste Schuhe sind nötig. In der alten Kaserne kann es auch kühl sein!
Öffnungszeiten: Mitte April bis Ende Oktober täglich 10–18 Uhr, Mo geschlossen, historische Führungen Mai, Juni, Juli, September So 15 Uhr, August Fr 10.30 Uhr, Sa und So 15 Uhr
Preise: Untere und Mittlere Festung Erwachsene 7 €, Kinder von 7 bis 14 Jahren 5 €, Familienkarte 14 €; mit einer Führung zusätzlich 5 €, Kinder 3,50 €
Einkehr: Es gibt ein kleines Bistro im Innenhof
Information: Büro Franzensfeste, Tel. +39/0472/45 86 98, www.festung-franzensfeste.it

werks. Darunter z.B. jene über den **SAGENHAFTEN GOLDSCHATZ**, der während des Zweiten Weltkriegs hier versteckt wurde und übrigens nach dem Wiederabtransport nie mehr gefunden wurde.

Unheimlich muten die Gänge und Räume in den ehemaligen Kasematten an.

Oben: Der Blick aus der Franzensfeste ist dabei eher lieblich, denn so kennen wir die Anlage von der Autobahn her sicherlich nicht.

Wer die Festung auf eigene Faust erkunden möchte, kann alleine nur den unteren und mittleren **FESTUNGSWALL** besichtigen. Nur bei einer Führung erreicht man auch die oberen Etagen, die bereits auf der anderen Seite der Autobahn liegen.

Das Innere des großen Gebäudekomplexes ist wirklich sehr spannend und ein wenig gruselig zu erforschen. Auch wenn zunächst auf dem Innenhof noch die nette Kapelle der Soldaten steht, führt uns der Rundgang dann durch lange **DÜSTERE GÄNGE**. Treppen verbinden die einzelnen Kasematten. Manchmal kommt man zwischen den Mauern wieder ins Freie und erhascht eine schöne Aussicht über das Eisacktal, vor allem nach Norden über den Stausee.

Für Kinder gibt es in dem Gelände zwei große Rast- und Spielplätze. Dort können sie sich, falls sie vom Herumlaufen noch nicht müde sind, weiter an einem überdimensionierten **MIKADO** aus Baumstämmen austoben.

41 Durch die Gilfenklamm

Für Klammgeister und Burgruinen-Gespenster

Die Tour durch die Gilfenklamm ist nicht nur für Familien mit Kindern spannend. Tief hat sich das Wasser des Ratschingbaches in die Klamm geschnitten. Es ist weltweit die einzige Klamm, die sich in reinen weißen Marmor, den sogenannten Schneeberger Zug, gefräst hat. Auch wenn man dies ganz ehrlich vor lauter Moos und Verwitterung nicht wirklich als weiß bezeichnen würde, Spaß macht es allemal.

Vom **GASTHAUS GILFENKLAMM** folgen wir einfach der Beschilderung in die Klamm. Zunächst wandern wir noch auf einem Waldweg durch den lichten Mischwald, dann beginnt schnell die eigentliche Klamm und es wird dunkler und unheimlicher. Der Ratschingbach rauscht, tobt und brodelt. **WASSERFÄLLE** stürzen von den steilen Felswänden herab. Manchmal tröpfelt es nur, dann kommt es einer Dusche gleich. Bäume und Ge-

Ausgangs-/ Endpunkt: Gasthaus Gilfenklamm
Anfahrt: Auf der A 22 bis Ausfahrt Sterzing; auf der SS 44 nur ein Stück ins Ridnauntal fahren, gleich zu Beginn ist der Ort Stange, Parkmöglichkeiten am Gasthaus Gilfenklamm oder am Sportplatz
Tourencharakter: Ansteigender Weg durch eine Klamm; viele Treppen und Stege; nicht mit dem Kinderwagen befahrbar
Weglänge: 4,4 km
Höhenmeter: 250 m
Gehzeit: 2 Std. 30 Min.
Ausrüstung: Wanderschuhe und Jacke, in der Klamm kann es feucht und kühl sein
Öffnungszeiten: Anfang Mai bis Anfang November täglich 9.30–17.30 Uhr, im Juli und August 9–18 Uhr
Preise: Eintritt für die Klamm Erwachsene 3,50 €, Kinder 1,50 €
Einkehr: Am oberen Klammende liegt das Gasthaus Jaufensteg, am Ende der Tour das Gasthaus Gilfenklamm
Information: Tourismusverein Ratschings, Jaufenstr. 1, 39040 Ratschings, Tel. +39/0472/76 06 08, www.ratschings.info

Mit Hilfe vieler Brücken und Stufen gewinnen wir schnell an Höhe in der Gilfenklamm.

strüpp suchen hartnäckig an den winzigsten Felsvorsprüngen einen Halt. Das ganze Naturschauspiel steigert sich zu seinem Höhepunkt, dem 15 Meter hohen Wasserfall. Auf sicheren hölzernen BRÜCKEN UND STEGEN wandern wir dann mal mehr und mal weniger nah am Wasser entlang und gewinnen dabei unmerklich an Höhe. Übrigens wurde die erste Weganlage bereits 1895 mithilfe des Alpenvereins der Öffentlichkeit zugänglich gemacht. Auch wenn sie während der Kriegsjahre fast in Vergessenheit geraten ist und zum Großteil verfallen war, wurde sie ab den 70er-Jahren vorbildlich hergerichtet und kann gefahrlos begangen werden. Der 400 Meter lange CANYON endet viel zu schnell am Gasthaus Jaufensteg an der Ratschinger Straße. Da der Rückweg über den Hinweg dann doch zu langweilig wer-

In der Burgruine gibt es im Inneren des Burgturms eine große Öffnung zum Himmel.

TIPP

Nicht weit von der Gilfenklamm entfernt, ein Stück weiter ins Ridnauntal hinein bis zum nächsten Ort Mareit, liegt das **SÜDTIROLER LANDESMUSEUM FÜR JAGD UND FISCHEREI** im Schloss Wolfsthurn. Es hat von April bis Mitte November täglich außer Montag geöffnet. Dorthin führt der ca. einen Kilometer lange **ERLEBNISWEG** »Wald und Wasser«, der an der Mareiter Kirche beginnt. Verschiedene Stationen laden zum Mitmachen ein. Im Schloss selbst kann man neben den wunderbar barocken Prunkräumen vieles zum Thema heimische Tiere entdecken. Ein Besuch lohnt sich sehr, und das nicht nur für das Werkstattangebot in den Sommermonaten, dessen Veranstaltungen man unter www.wolfsthurn.it abfragen kann.

den würde, investieren wir lieber 30 Minuten, sodass man für den Rückweg insgesamt etwas mehr als eine Stunde einplanen muss.

Wir halten uns links und folgen stets der Beschilderung Nr. 1 A »Ruine Reifenegg« entlang der kleinen Teerstraße. Dabei ist die schöne Sicht über das Ridnauntal und die Berge westlich von Sterzing ein weiteres Zuckerl der Tour. Nach einigen Biegungen verlassen wir kurz nach den Häusern von Burghof die asphaltierte Straße nach links auf einen schmalen Pfad, der uns abwärts bringt.

Mitten im Wald stoßen wir auf den mächtigen Bergfried der **BURGRUINE REIFENEGG**, deren Bau bis auf die Jahre um 1200 zurückgeht. Einst war sie eine Wachbastion über die alte Jaufenstraße, die direkt vorbeiführte. Mit deren Verlegung um 1400 verlor sie schon bald an Bedeutung und ist seit dem 17. Jahrhundert zu einer, wenn auch gut erhaltenen Ruine verkommen.

Nun ist es gar nicht mehr weit und wir sind wieder an unserem Ausgangspunkt.

Bergwerk Ridnauntal 42

A, B oder C?

Spannender als im Bergwerk Ridnauntal kann man fast nicht in die Welt eines Bergwerkes eintauchen. Es ist kein Museum, sondern wir besichtigen heute die komplett erhaltene Produktionskette der einstigen Erzabbaustätte am Schneeberg.

Gerade für die Bergbauwelt Schneeberg muss man sich jedoch vorher überlegen, wie umfangreich, wie lange und wie abenteuerlustig und spannungsgeladen ein Besuch sein soll. Je nach Alter, Ausdauer und auch Mut der Kinder kann man nämlich zwischen verschiedenen Besichtigungs-Paketen wählen.

Die kürzeste und einfachste Besichtigungstour ist das **KOMPAKTPAKET A**.

Für den Besuch im Bergwerk bekommen wir bequem Helme gestellt.

Ausgangs-/ Endpunkt: Bergbauwelt Ridnaun Schneeberg
Anfahrt: Auf der A 22 bis Ausfahrt Sterzing; dort am Kreisverkehr ins Ridnauntal fahren; von dort stets den Schildern zum Bergwerk folgen, es liegt ganz am Talende in Maiern
Ausrüstung: Feste Schuhe und Jacke, es kann sehr kühl und feucht werden
Öffnungszeiten: Anfang April bis Anfang November täglich 9.30–16.30 Uhr, Mo Ruhetag, an Feiertagen und August auch Mo geöffnet; fixe Führungen täglich 9.30, 11.15, 13.30, 15.15 Uhr
Preise: Kompakttour Erwachsene 10 €, Kinder von 7 bis 14 Jahren 4 €, Familienkarte 20 €, Abenteuerschicht Erwachsene 25 €, Kinder ab 6 Jahren 15 €, Schneeberg Bergbauwelt Erwachsene 35 €, Kinder bis14 Jahre 15 €
Einkehr: Am Bergwerk gibt es das kleine Restaurant Knappenstube mit Speisen aus der Tiroler Küche und einer Prise Bergwerksgerichte wie die Knappennudeln
Information: Ridnaun Schneeberg, Maiern 48, 39040 Ridnaun, Tel. +39/0472/65 63 64, www.bergbaumuseum.it

Während der fixen Führungstermine kann man in gut eineinhalb Stunden drei Teile des Bergwerks in Maiern besichtigen. Auf sehr unterhaltsame und kindgerechte Weise wird man in den SCHAUSTOLLEN geführt, der die Entwicklung des Erzabbaus vom Mittelalter bis zur Schließung des Stollens 1985 zeigt. Im zweiten Teil geht man dann in die ORIGINAL ERHALTENE ERZAUFBEREITUNGSANLAGE und kann anhand der immer noch funktionstüchtigen Maschinen hautnah erleben, unter welchen Bedingungen Bergarbeiter schaffen mussten. LÄRM, STAUB UND DER GERUCH nach Chemikalien gehörten einfach dazu.

TIPP

Es gibt für Kinder auch eine vierte Variante, die Junior Schneeberg Tour. Für diese muss man sich ebenfalls anmelden, die Durchführung ist meist Mittwoch und Freitag ab 13.30 Uhr. Empfohlen ist sie für Kinder ab 5 Jahren, die Lust haben in Bergmannsausrüstung auf Erzschatzsuche zu gehen. Alle Touren beginnen übrigens immer in Maiern am Bergwerk selbst.

Für die längeren und umfangreicheren Besichtigungstouren muss man sich vorher anmelden und den ganzen Tag Zeit haben. Gerade für größere Kinder ist aber TOUR B, DIE ABENTEUERSCHICHT, ein unvergessliches Urlaubserlebnis. Sie beinhaltet zunächst die vormittägliche Kompakttour, nach einer Mittagspause muss man sich dann für die Abenteuertour im Magazin umziehen. HELM, JACKE, STIEFEL UND STIRNLAMPE sind ein Muss! Dann geht es mit dem Bus auf 2000 Meter Höhe zum jüngsten Eingang am Poschhausstollen. Die GRUBENBAHN fährt uns dreieinhalb Kilometer in den Berg. Von dort geht es dann zu Fuß weiter. Wir müssen uns ein kleines Stück abseilen, durch Wasser und ENGSTELLEN im KARLSTOLLEN stapfen und am Schluss darf man selbst die letzten ERZADERN MIT SCHLÄGEL UND EISEN bearbeiten. Ins Tal bringt uns wieder der Bus, sodass wir nach insgesamt sieben Stunden zurück sind. Die Abenteuerschicht eignet sich wirklich erst für Kinder ab sechs Jahren und Menschen ohne Platzangst!

Noch wilder und für noch größere Kinder ist die TOUR C, DIE SCHNEEBERG BERGBAUWELT, die gleich in aller Frühe mit einer Auffahrt auf den Berg beginnt. Dort erwartet uns eine drei Stunden lange **WANDERUNG** über die 2700 Meter hohe Schneebergscharte, für die wir 600 Höhenmeter schaffen müssen. Wobei der begleitende Bergwerksführer so kurzweilige Geschichten erzählt, dass die Zeit sehr schnell verfliegt. Bei dieser Tour besichtigt man dann auch das **EHEMALIGE KNAPPENDORF** St. Martin am Schneeberg und steigt am Schluss sogar noch einige Kilometer durch die Erzstollen ab, bis man mithilfe der Grubenbahn wieder aus dem Berg fährt. Auch diese Tour wird nur nach Voranmeldung vorwiegend am Donnerstag, Samstag und Sonntag durchgeführt.

Im Ridnauntal liegt das Landesmuseum für Jagd und Fischerei (siehe S.142) unweit des Bergwerkes in Mareit.

Was Sie trotz Kindern gesehen haben müssen

43 Brixen – Fürstensitz und Einkaufsstadt

Brixen war noch im Hochmittelalter ein unbedeutendes Dorf, in dem nicht einmal die Fuhrwerke auf der Brennerstraße Halt machten. Der Aufschwung begann im Jahr 990, als der Bischof von Säben seinen Amtssitz hierher verlegte und Kaiser Konrad II. das Bistum wenige Jahre später zum Fürstbistum erhob.

Die Bischöfe wohnten in der HOFBURG, die etwa um 1750 ihre heutige Form bekam. Wenn sie auch 1801 ihre weltliche Macht verloren, so residierten sie noch bis 1964 an diesem alten Platz. Erst dann wurde der Sitz der Diözese nach Bozen verlegt. Hier am alten Bischofssitz wollen wir mit unserem Rundgang beginnen und als Erstes das HOFBURG DIÖZESANMUSEUM BRIXEN besuchen, das nach 1964 in die bischöflichen Amtsräume eingezogen ist. Der Innenhof mit den DREIGESCHOSSIGEN RENAISSANCELOGGIEN zeugt von der Pracht, mit denen sich Renaissancefürsten umgaben. Das breite Treppenhaus steht dem in keiner

Ausgangs-/ Endpunkt: Hofburg
Anfahrt: Auf der A 22 bis Autobahnausfahrt Pustertal/Brixen Nord; weiter auf der Brenner Staatsstraße in Richtung Süden nach Brixen; aus dieser Richtung kommend wäre der Besuch des Klosters Neustift als Erstes an der Reihe; im Zentrum von Brixen sucht man sich einen der vielen ausgewiesenen Parkplätze; vom Parkhaus an der Dantestraße oder etwas weiter vom Parkplatz an der Venetostraße sind es zu Fuß ins Stadtzentrum zur Hofburg nur wenige Minuten
Öffnungszeiten: Hofburg Diözesanmuseum Brixen Mitte März bis Ende Oktober täglich 10–17 Uhr, Mo geschlossen
Preise: Hofburg Diözesanmuseum Brixen Erwachsene 7 €, Kinder 5 €; viele Eintritte sind in Brixen und Umgebung mit der BrixenCard kostenlos
Einkehr: In Brixen gibt es sehr viele Möglichkeiten, die meisten liegen in der verkehrsberuhigten Innenstadt
Information: Tourismusverein Brixen, Regensburger Allee 9, 39042 Brixen, Tel. +39/0472/83 64 01, www.brixen.org

Weise nach. Im Inneren der Burg dominiert das Museum mit seinen erlesenen Kunstwerken. Wir durchwandern die TIROLER KUNSTEPOCHEN von der ROMANIK bis zum ausgehenden Barock. Wunderbare Skulptu-

Im Hofgarten von Brixen kann man sich herrlich vom Stadtrummel erholen.

ren und Bilder zeugen von der tiefen Frömmigkeit vergangener Tage. Auf keinen Fall darf man die KRIPPENSAMMLUNG im Keller des Museums übersehen. Dort werden Kinderaugen zum Leuchten gebracht. In zahlreichen Vitrinen ist neben der Weihnachtsgeschichte das gesamte Heilsgeschehen dargestellt, so, wie man es sich mit viel Fantasie vorgestellt hat. Von der Hofburg aus gehen wir vor zum DOMPLATZ und entscheiden uns für einen Besuch des Kreuzgangs, der fast vollständig mit Fresken ausgemalt ist. Es wäre müßig, diese Bilderflut zu beschreiben. Aber

gerade hier finden es Kinder spannend, Details, von denen einige auch ganz schön gruselig sind, zu finden. Auch wenn man am Ende fast einen **NACKENKRAMPF** bekommt, hier muss man einfach schauen und entdecken, was vom Motiv her bekannt ist oder was, wie der berühmte Kampfelefant, so skurril ist, dass man es nicht übersehen kann.

TIPP

Für **DIE EISSCHLECKERMÄULER** unter uns: Sehr gute Eisdielen sind die Gelateria Pradetto unter den Lauben oder das Ice-World in der Weißenturmgasse.

Natürlich werfen wir auch einen Blick in den Dom, der nach einem Großbrand Mitte des 18. Jahrhunderts völlig neu in barockem Stil erbaut wurde. Seine Dekoration hebt sich deutlich von dem lichten Barock ab, das sich nördlich der Alpen entwickelt hat. Die spätgotische Muttergottes am rechten Chorpfeiler stammt übrigens von dem Landshuter Schnitzer Hans Leinberger.

Dass unmittelbar neben dem Dom die Pfarrkirche **ST. MICHAEL** steht, braucht uns nicht zu wundern. Das brachte nämlich sowohl den Bürgern wie auch den Domherren Vorteile. Diese hohen Herren wollten gern allein sein und nur in Ausnahmefällen mit dem gemeinen Volk zu tun haben. Wäre einer von ihnen bei den lang währenden Gottesdiensten eingeschlafen und die Brixner hätten das beobachtet, wäre er zum Stadtgespräch geworden. Und genau diese ewig langen Gottesdienste wollten die Bürger der Stadt vermeiden, da war die eigene Kirche sehr viel praktischer.

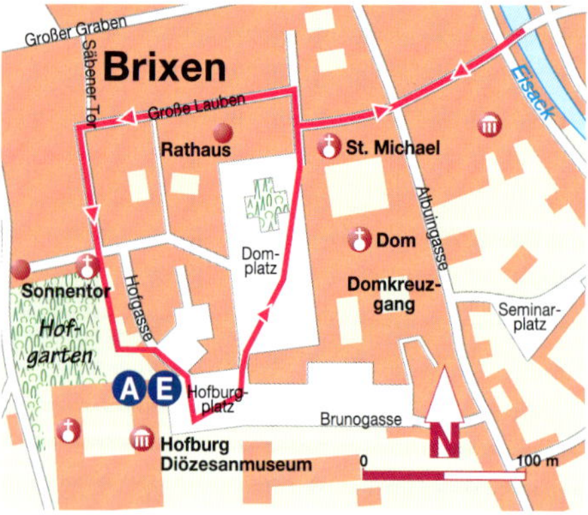

An der Pfarrkirche vorbei schauen wir noch vor an das Ufer der Eisack, bummeln durch die Laubengasse der Altstadt und durch den Hofgarten zur Hofburg zurück, an der unser kurzer Rundgang seinen Ausgang genommen hat.

Aber unser Besuch in Brixen ist noch nicht zu Ende. Ziemlich genau drei Kilometer nördlich von Brixen liegt das **KLOSTER NEUSTIFT** mit seinem gotischen Kreuzgang und der herrlichen Barockkirche, die von vielen bayerischen Künstlern ausgestattet wurde. Ihr Stuck stammt von einem Wessobrunner Meister, die Fresken mit der Gründungsgeschichte des Klosters schuf der am Hohenpeißenberg geborene Maler Matthäus Günther in den Jahren 1735 bis 1736. Doch hier gibt es nicht nur geistige Genüsse, sondern auch kulinarische, nach dem Motto »Essen und Trinken hält Leib und Seele zusammen«. Der **STIFTSKELLER** bietet die Klosterweine zur Verkostung an und dazu gibt es einfache Marenden mit Speck, Kaminwurzen und Käse in einer ausgezeichneten Qualität. Wem es geschmeckt hat, der kann dies alles im Klosterladen kaufen und mit nach Hause nehmen.

Im Schwimmbad Acquarena bleibt kein Kind trocken.

Oben: Das Ladenangebot unter den Lauben in Brixen ist sehr verführerisch.

Zu einer Besichtigung Brixens gehört auch eine Fahrt auf den Brixener Hausberg, die **PLOSE**. Dafür sind Kinder mit Sicherheit zu begeistern, dort gibt es im Sommer den **WOODY WALK**. Der Erlebnisweg sorgt mit mehreren attraktiven Stationen für Abwechslung und lädt zum Spielen und Ausruhen ein. So gibt es einen Kletterbaum, den Peitlerthron, Riesenliegen, den Glockensee, die Kneippanlage usw. Bei den Hütten (Plosehütte, Bergrestaurant, Rossalm) wird ein spezielles Kinderprogramm geboten, z. B. ein Grilltag oder ein Basteltag.

Zudem gibt es noch den Spaß auf »3 Rädern«: Von der Bergstation der Kabinenbahn kann man die zehn Kilometer lange Strecke bis zur Talstation mit sogenannten **MOUNTAINCARTS** runterfahren.

44 Sterzing – modernes Leben an der alten Fernstraße

Die alte Handelsstraße und heute moderne Fernstraße von Italien über den Brenner in den Norden Europas hat die Orte im Eisacktal geprägt. Dominierten früher Fuhrwerke oder Reiter den Verkehr, so sind es heute Kraftfahrzeuge aller Art, die zum Glück auf die große Autobahn verbannt sind. Deshalb haben sich Städte wie Sterzing ihr wunderbares historisches Stadtbild bewahren können.

TIPP

Ist das Wetter eher schlecht? Dann nehmt doch eure Badesachen mit und besucht das BALNEUM in der Sportzone am Karl-Riedmann-Platz 5. Das Hallenbad ist geöffnet Mo bis Fr 16–22 Uhr, Sa, So, Feiertage und in den Schulferien 10–22 Uhr.

STERZING ist typisch für so eine Stadt an der alten Fernstraße. Es dominiert eine langgestreckte Straßenzeile, die von alten Häusern eingesäumt wird. Man kann es sich kaum mehr vorstellen, dass sich durch diese Straße einst der gesamte Verkehr vom und zum Brenner quetschte. Deshalb war und ist bis heute fast jedes zweite Haus ein Gasthaus, denn so viele Reisende wollten ja versorgt werden.

Wir beginnen unseren Weg durch die Stadt am Nordeingang der Fußgängerzone und gehen durch die ALTSTADT auf den ZWÖLFER TURM

Ausgangs-/ Endpunkt: Parkplatz am Nordende der Stadt
Anfahrt: Auf der A 22 bis Autobahnausfahrt Sterzing; auf der Brenner Staatsstraße die Altstadt umgehen und an ihrem Nordende, etwas südlich der Rosskopf Umlaufbahn, parken
Einkehr: Wie in jeder größeren Stadt gibt es in Sterzing die Qual der Wahl an Einkehrmöglichkeiten je nach Geldbeutelgröße; wirklich nett und etwas abseits des Rummels sitzt man in der Pizzeria des Kolpinghauses, Neustadt 24, in einem Innenhof; hier können die Kinder etwas kontrolliert sausen und die Pizzen sind absolut bezahlbar und vor allem lecker
Information: Tourismusverein Sterzing, Stadtplatz 3, 39049 Sterzing, Tel. +39/0472/76 53 25, www.sterzing.eu

Südlich der Altstadt liegt die Burg des Deutschritterordens von Sterzing, wo sich der Multscher Altar befindet.

am Stadtplatz zu, der als das Wahrzeichen Sterzings gilt. Sigismund der Münzreiche hat Mitte des 15. Jahrhunderts den Grundstein dafür gelegt, er trennt die Altstadt von der Neustadt. Dieser Name klingt wie aus dem 20. Jahrhundert, doch das ist ein Irrtum. Die NEUSTADT heißt so, weil dieser Teil der Stadt nach einem großen Brand im 15. Jahrhundert wieder neu aufgebaut wurde. Zwei Objekte am Stadtplatz finden unser Interesse: zum einen die SPITALKIRCHE, die im Inneren fast vollständig mit überraschend gut erhaltenen Fresken ausgemalt

ist, und zum anderen das alte Rathaus, dessen historischen **RATSSAAL** man mit einer Führung besuchen kann (Infos über den Tourismusverein).

Durch die Neustadt, in der wir übrigens das beste Eis von Sterzing bei Il Ghiottone im Haus Nr. 42 bekommen, gelangen wir direkt in die daran anschließende Gänsbacherstraße. Sie bringt uns zur Pfarrkirche von Sterzing **UNSERE LIEBE FRAU IM MOOS**. Hier ist eine Erklärung fällig, warum die Pfarrkirche von Sterzing so weit außerhalb der Stadt steht. Dahinter steckten die Bergknappen der Umgebung. Sie bezahlten einen Großteil der Baukosten, fühlten sich aber außerhalb der Stadt wesentlich sicherer, denn zwischen ihnen und den Bürgern gab es immer wieder große Konflikte. Meist wurden die Bergleute als Arbeiter von weither geholt. So kam es aufgrund der unterschiedlichen Mentalität leicht zu Verständigungsschwierigkeiten. Die Kirche selbst wäre wegen ihrer Stilmischungen kaum einen Besuch wert, wenn nicht fünf gotische Figuren feinster Qualität in dem ansonsten neugotischen Hochaltar fast versteckt wären. Sie stammen von

TIPP

Laternenparty haben die Sterzinger ein Fest genannt, das Besucher von weither anzieht. Ab 19 Uhr verwandelt sich jeden Mittwochabend zwischen Juli und Mitte August die Altstadt von Sterzing in eine Partymeile. Musikkapellen sorgen für Unterhaltung, Volkstanzgruppen und Gaukler ziehen durch die Straße und die Wirtschaften bieten Getränke und Speisen an. Die Termine gibt es bei der Tourist-Info.

dem ehemaligen Flügelaltar, den Mitte des 15. Jahrhunderts der Ulmer Meister Hans Multscher für die Pfarrkirche gefertigt hat und zählen zu den großen Werken der Kunstgeschichte. Den kostbaren **MULTSCHER ALTAR**, er war immerhin 12 Meter hoch, haben die Sterzinger bei der Barockisierung der Kirche 1779 abgebrochen und vernichtet. Einige Fragmente finden sich noch neben der Pfarrkirche in dem **MULTSCHER-MUSEUM** im Deutschordenshaus. Dieses sehr sehenswerte Museum zeigt darüber hinaus die renovierten Räume der Deutschordensritter sowie alle möglichen Alltagsgegenstände, die vor 300 Jahren als normal galten und heute als Besonderheiten bewundert werden. Allerdings ist das Museum nur von Anfang April bis Ende Oktober Dienstag bis Samstag 10–13 Uhr und 13.30–17.00 Uhr geöffnet.

Wer keinen besonders guten Orientierungssinn hat, kehrt zum Auto auf dem gleichen Weg zurück, den wir gekommen sind. Spannender ist es, sich den Rückweg durch die vielen Gassen zu suchen, die sich mehr oder weniger in zweiter Reihe zur großen Hauptstraße, durch die Alt- und Neustadt ziehen. Hier finden wir noch jede Menge malerische Winkel, Passagen und Hinterhöfe.

Die Altstadt von Sterzing ist eine lebendige Fußgängerzone.

Oben: Der Jöchelsthurn mit Peter-und-Paul-Kapelle vom Zwölferturm in Sterzing aus

In San Lorenzen im Pustertal, westlich von Bruneck gibt es noch römische Ausgrabungen zu besichtigen.

DAS PUSTERTAL UND SEINE SEITENTÄLER

45 Lodenwelt Vintl

Vom Schaf zur Wolle zum Mantel

Schicke Trachtenkleidung gibt es beim Hersteller Oberrauch Zitt in der kleinen Pustertaler Gemeinde Vintl. Aber keine Angst, wir wollen Sie nicht zum Shoppen verführen, sondern zu einem kurzweiligen und vor allem für Kinder interessanten Spaziergang in die unterhaltsame Vintler Lodenwelt mitnehmen, auf dem wir alles rund um den heute so edlen Stoff erfahren.

Wolle kämmen kann man gleich vor Ort ausprobieren.

Für die **LODENWELT IN VINTL** sollte man unbedingt einen Zwischenstopp einlegen. Nicht nur weil uns gleich im Freigelände ein paar der niedlichen Rohstofflieferanten, die **TIROLER BERGSCHAFE,** fröhlich begrüßen, sondern das Museum an sich ist ungemein interessant und auch kindgerecht aufgebaut. Es wurde 2000 nach einer Idee des Bekleidungschefs Heiner Ober-

Ausgangs-/ Endpunkt: Lodenwelt Vintl
Anfahrt: Auf der Pustertalstraße in Richtung Bruneck; kurz nach Niedervintl, direkt an der Pustertalstraße E 66 gelegen, liegt das kleine Industriegebiet mit der Lodenwelt Vintl
Öffnungszeiten: Ganzjährig Mo bis Fr 9–18 Uhr
Preise: Erwachsene 5 €, Kinder bis 12 Jahre 2 €, Familienticket 11 €
Einkehr: Direkt daneben liegt die Edelkäserei Capriz mit einem angeschlossenen Café Restaurant
Information: Lodenwelt Vintl, Pustertalerstr. 1, 39030 Vintl, Tel. +39/0472/86 85 43, www.oberrauch-zitt.com

rauch umgesetzt und dieser hat wirklich keine Kosten und Mühen gescheut, das Museum für die ganze Familie spannend als **ERLEBNISWELT** zu gestalten. Man darf dabei selbstständig durch die Ausstellung gehen, aber eine Führung lohnt sich immer.
In der Ausstellung dreht sich alles um die **VERARBEITUNG UND VEREDELUNG** von der Wolle zum wärmenden Stoff Loden. Vom Bergschaf auf der Alm über die einstige mühsame Arbeit der Bergbauern, die den Rohstoff Wolle weiterverarbeiteten, bis hin zum fertigen Kleidungsstück, das heute in seiner schönsten Form gleich anschließend im angeschlossenen Geschäft verkauft wird.

Damit man versteht, warum man warmen Loden braucht, bedarf es schon eines Regen- und Schneesturms.

Im Museum selbst begegnen uns der **WINTER UND DIE NÄSSE**, wir müssen durch eine **SCHAFHERDE** hindurch, sehen wie man eine Schaf wäscht und schert und können anschließend selbst die Wolle kämmen. **ALTE HISTORISCHE HANDWERKSGERÄTE** und Maschinen wie Webstühle, Spinnräder oder eine Walkmühle werden gezeigt. Verschiedene Modelle veranschaulichen die Welt des Lodens im Zeitgeist der Mode und ganz zum Schluss kann man auch noch einen Blick in die Manufaktur der Oberraucher Näher werfen.

46 Feinkäserei Capriz

Käseland mit Erlebnisfaktor

Direkt neben der Lodenwelt Vintl liegt die edle Feinkäserei Capriz, die demselben Besitzer gehört. Hier zeigt sich, wie geschickt ein Unternehmer mit viel Enthusiasmus und Engagement auf engem Raum gleich zwei so gut funktionierende, aber komplett unterschiedliche Museen aufbauen kann, die mittlerweile ein absoluter Renner auch bei Familien mit Kindern sind. Hautnah kann man in die Welt der Ziegenkäse-Herstellung eintauchen.

Das Gebäude ist einem überdimensionierten STÜCK KÄSE AUF EINEM KESSEL nachempfunden. Im Freien begrüßen uns die Ziegen auf einer Weide, aber auch im Eingangsbereich können wir sie und ihre Glocken lautstark hören, wenn wir an den verschiedenen Schnüren ziehen. Im Wortspiel CAPRIZ steckt sowohl das italienische Wörtchen Ziege (Capra) sowie die Übersetzung EIGENSINN und Inspiration aber auch lustvoller Regelverstoß. Mit Sicherheit trifft heute von allem etwas zu. Das Capriz in Vintl vereinigt EINE KÄSEREI, ein spannendes MUSEUM, einen leckeren FEINKOSTLADEN mit grandioser Käsetheke und ein angeschlossenes BISTRO, das täglich wechselnde Gerichte anbietet.

Ausgangs-/ Endpunkt: Feinkäserei Capriz
Anfahrt: Auf der Pustertalstraße in Richtung Bruneck; kurz nach Niedervintl, direkt an der Pustertalerstraße E 66 gelegen, liegt das kleine Industriegebiet mit der Feinkäserei Capriz neben der Lodenwelt Vintl
Öffnungszeiten: Ganzjährig täglich 9–20 Uhr
Preise: Eintritt 3 €, wer im Laden einkauft, bekommt Rabatt
Einkehr: Direkt an die Feinkäserei ist das Bistro angeschlossen; es gibt einen wunderbaren Außenbereich, in dem man herrlich sitzen kann, während die Kinder im Freigelände sausen oder rutschen; bei den Gerichten dreht sich vieles um Käse, aber es gibt auch hervorragenden Kuchen und der Apfelstrudel mit Vanillesoße ist ein Traum.
Information: Capriz Feinkäserei, Pustertalerstr. 1b, 39030 Vintl, Tel. +39/0472/86 92 68, www.capriz.bz

Direkt vor unserer Nase entstehen die leckeren Käsesorten.

Wer jetzt denkt, die Edel- und Feinkäserei ist zu chic und lässt sich nicht mit Familien kombinieren, der irrt gewaltig. Im Erdgeschoss kann man neben dem Feinkostladen durch eine riesige Glasscheibe direkt in die PRODUKTIONSHALLEN des Ziegenkäses blicken. Ganz in Weiß verarbeiten hier die Käser täglich die Milch von 300 Ziegen, die aus dem nahen Ahrntal angeliefert wird. Aus diesem Käse werden dann anschließend durch Veredelung in den Reiferäumen so leckere Sorten wie Ziegello, Morgentau, Sapperlot oder Hofers Traum.

Das Museum selbst liegt im Keller. Dort bekommen wir interaktiv die verschiedenen Prozesse der KÄSEHERSTELLUNG genau erklärt. Diese Reise in die ERLEBNISWELT rund um das Thema von der Milch zum Käse ist wirklich sehr sehenswert. So viel sei noch verraten – wir müssen uns sogar zwischen einzelnen ÜBERDIMENSIONIERTEN MILCHTROPFEN hindurchzwängen.

TIPP

Wer noch keine kulinarischen Souvenirs gefunden hat, kann sich gut im Feinkostladen Capriz eindecken. Es gibt leckere Marmelade, Honig, Süßwaren, aber auch Weine, Gewürze und natürlich Käse.

47 Badespaß im Cron4 und Cron3 bei Bruneck

Splish-Splash und Wasser marsch

Cron3 und Cron4 bilden die perfekte Kombination für einen Eltern- und Kinder-Schwimm- und Badetag. Während die Kids sich vor allem im Schwimmbad Cron4 vergnügen, gibt es für die Erwachsenen im angegliederten Saunabereich Cron3 eine wirklich großzügige Wellnessanlage.

Nasser geht kaum

Dementsprechend kann sich eine Hälfte der Familie im nahezu kinderlosen Sauna- und Wellnessbereich wohlig erholen, während die andere Hälfte sich in die TRUBEL- UND ACTIONZONE des Schwimmbades begibt.

Ausgangs-/ Endpunkt: Hallenbad Cron 4
Anfahrt: Auf der A 22 bis Autobahnausfahrt Pustertal, Brixen; nach Bruneck, durch die M.-Pacher-Str. bis zum Beginn des Grabens an der Altstadt, dort rechts aufwärts nach Reischach; das Schwimmbad liegt gleich am Ortsanfang rechts in der Nähe des Majestic Hotels
Öffnungszeiten: Von Anfang April bis Ende September Hallenbad 10–22 Uhr, Sauna 12–23 Uhr, So beide schon ab 8 Uhr
Preise: Schwimmbad Erwachsene 2,5 Std. 7 €, Kinder von 4 bis 14 Jahren 4 €, Familienkarte 19 €, in Kombination mit dem Saunabereich: 3 Std. Erwachsene 17,50 €, Kinder von 4 bis 14 Jahren 11 €, Familienkarte 48 €, es gibt aber auch Tageskarten oder 1,5 Std.-Karten sowie Vergünstigungen für Jugendliche und Senioren
Einkehr: Direkt neben dem Schwimmbad liegt das sehr kinderfreundliche Restaurant und Pizzeria Aquarium mit eigenem Spielezimmer für die Kids
Information: Hallenbad Cron 4, Sportzone, Im Gelände 26, 39031 Reischach bei Bruneck, Tel. +39/0474/41 04 73

Eine wilde Rutsche darf natürlich nicht fehlen.

Verschiedene Schwimmbecken, darunter ein Sportbecken und ein Warmwasser-Außenbecken mit **SOLEWASSER**, stehen bereit. Im **FUNPOOL** sorgen Wasserdüsen, Schwallbrausen, aber auch ein Strömungskanal für Abwechslung. Actiongeladen wird es dann in der langen **RUTSCHE CRONSPLASH**, dem absoluten Anziehungspunkt für die wilden Rabauken.

Wir Eltern müssen uns dann mit unserem Besuch im **WELLNESS- UND SAUNABEREICH** abwechseln, denn schließlich wollen auch wir auf unsere Kosten kommen. Der Saunabereich ist äußerst großzügig, **16 SAUNEN UND DAMPFBÄDER** stehen bereit, und das noch dazu in einem wunderbar modernen Ambiente. Das verheißt Entspannung pur und bietet echte Verwöhnmomente.

48 Burg Bruneck und das Ripa Museum

Das jüngste Messner Mountain Museum

Der bekannte Bergsteiger Reinhold Messner hat mittlerweile viele MMM Museen in Südtirol errichtet. In Firmian auf Schloß Sigmundskron, am Ortler in Sulden, das Museum in den Wolken in den Dolomiten, auf der Burg Juval im Vinschgau und seit Neuestem auch eines im Schloss Bruneck.

Im MESSNER MOUNTAIN MUSEUM RIPA dreht sich alles um die Bergvölker der Erde. Der Bergmensch Reinhold Messner hatte auf seinen vielen Reisen um den gesamten Globus festgestellt, dass alle Bergmenschen, die an, mit und auf den Bergen leben, doch überall die gleiche kulturelle Basis haben. Auch wenn sich RELIGION, KUNST ODER KLIMA gravierend unterscheiden, sind weltweit in einer so extremen Landschaft wie dem Gebirge doch überall gleiche Ansätze vorhanden. Die Bedingungen für das tägliche Leben und Überleben, der Kampf gegen

Ausgangs-/ Endpunkt: MMM Ripa
Anfahrt: Auf der A 22 bis Autobahnausfahrt Pustertal; dort auf der Pustertalstraße nach Bruneck, unmittelbar vor der Altstadt an der Ampel von der M.-Pacher-Straße rechts in die Reischacher Straße abbiegen, sie führt hinauf zum Schloss; dort gib es etwas unterhalb des Museums einen großen gebührenpflichtigen Parkplatz
Öffnungszeiten: Zweiter Sonntag im Mai bis 1. November 10–18 Uhr und 26. Dezember bis 25. April 12–18 Uhr; letzter Einlass um 17 Uhr, Di Ruhetag
Preise: Erwachsene 8 €, Kinder von 6 bis 14 Jahren 3 €, Familienkarte 18 €; man kann eine deutlich ermäßigte Karte für alle MMMs erwerben, die dann ein Jahr gültig ist
Einkehr: Direkt im Museum gib es ein beeindruckendes Museums-Café mit tollem Gewölbe, man kann aber auch herrlich im Innenhof der Burg sitzen
Information: Messner Mountain Museum Ripa, Schloss Bruneck, Schlossweg 2, 39031 Bruneck, Tel. +39/0474/41 02 20, www.messner-mountain-museum.it

Hoch über der Altstadt von Bruneck wurde die Burg erbaut.

Wetter, die Höhe oder Naturkatastrophen ähneln sich dann doch immer wieder. Ripa ist das tibetanische Wort für Bergmensch und setzt sich aus RI - BERG UND PA - MENSCH zusammen. Im ehemaligen Sommersitz der Brixener Fürstbischöfe, dem Schloss Bruneck, sind den Bergvölkern aus Asien, Afrika und Südamerika aber auch Europa ganze Stockwerke gewidmet. WOHNSTÄTTEN, KUNSTWERKE, Bilder und

TIPP

Für Kinder gibt es einmal im Jahr eine tolle Veranstaltungsreihe. Das kann ein Spielenachmittag mit Sherpas sein, die einem ihre Kinderspiele genau erklären und wo man natürlich mitspielen darf. Es gibt aber auch Lesenachmittage mit Geschichten aus anderen Bergvölkern oder man kann sich Schuhe aus Restgummis nach Art der Kichwa, einem ecuadorianischen Bergvolk, basteln. Die genauen Daten dazu findet man im Internet.

Einige der Schlosstüren sind reich verziert.

Oben: Im Museum kann man verschiedene Modelle von typischen Häusern aus der Bergwelt vergleichen.

Skulpturen sowie Alltagsgegenstände werden gezeigt. Es gibt kurze Filme über verschiedene Bergvölker. Darüber hinaus sind im ganzen Museum Türen und Tore angebracht, die als Sinnbild und Schlüssel für die jeweiligen Völker verstanden werden können. Sie lassen jedoch noch sehr viel mehr Spielraum für Interpretationen offen.

Im Erdgeschoss gibt es jährlich wechselnde Ausstellungen, die sich rund um das Thema »Der Berg und seine Menschen« drehen. Aber nicht nur die eigentliche Ausstellung ist interessant. Während des Rundgangs erwandern wir selbstverständlich all die wunderbar **RESTAURIERTEN RÄUME DER BURG**. In einigen Fürstenzimmern findet man das Originalmobiliar.

Besonders schön und eindrucksvoll ist der Gang hinauf auf den **BERGFRIED**, von wo wir eine fantastische Aussicht über die Stadt Bruneck und das Pustertal sowie auf die am hinteren Ende des Ahrntals liegenden Zillertaler Berge genießen.

Freilichtmuseum Dietenheim 49

Vergangene Tage, vergangenes Handwerk, vergangene Häuser

Dietenheim ist ein wunderbares Freilichtmuseum, in dem viele historische Gebäude, die woanders in Südtirol verfallen wären, ihr neues Zuhause gefunden haben. Es zeigt sehr anschaulich das einstige Leben vergangener Tage und spannt dabei geschickt den Bogen über die verschiedenen Bevölkerungsschichten vom Landadeligen bis zum Tagelöhner.

Gleich am Eingang fällt der prächtige ANSITZ MAIR AM HOF ins Auge und lässt ahnen, wie vornehm einst auch kleine Adelige im Pustertal zu leben wussten. Die herrschaftlichen Wohnräume hatten gemauerte und verputzte Wände. Damals war das ein Zeichen des besonderen Luxus'. Die Zimmer waren mit kleinen Schränken, Tisch und Stühlen eingerichtet, die man, im Gegensatz zur bäuerlichen Eckbank, beliebig arrangieren konnte. Die Küche kannte schon einen Kamin und fließendes Wasser. Die Speisen wurden von der Küche zur Tafel getragen und nicht einfach in eine Durchreiche geschoben. Der Keller war groß genug, um gewaltige Mengen an Vorräten zu fassen. Im Hause der Herren von Sternberg gab es wohl keinen Mangel. Sogar eine HOFKAPELLE ließen sie errichten und von an-

Ausgangs-/ Endpunkt: Landesmuseum für Volkskunde Dietenheim
Anfahrt: Auf der A 22 bis Autobahnausfahrt Pustertal/Brixen; nach Bruneck, dort in Richtung Sand in Taufers und dann der Beschilderung nach Dietenheim folgen. Es gibt einen Parkplatz am Museum
Öffnungszeiten: Von Ostermontag bis Ende Oktober täglich außer Mo 10–17 Uhr, So und Feiertag 14–18 Uhr, im Juli und August auch bis 18 Uhr, im August auch Mo geöffnet
Preise: Erwachsene 6 €, Familienkarte 12 €, Kinder unter 6 Jahren sind frei
Einkehr: Im Museum gibt es ein uriges Gasthaus mit typischen Südtiroler Spezialitaten
Information: Landemuseum für Volkskunde Dietenheim, Herzog Dietrichstraße 27, 39031 Dietenheim, Tel. +39/0474/55 20 87, www.volkskundemuseum.it

gesehenen Meistern wie Cristoforo Benedetti, der auch die Kapelle in der Brixener Hofburg geschaffen hatte, ausschmücken.

TIPP

Für Kinder gibt es ganz besonders viel im Museum zu entdecken. Die Museumstiere stehen dabei an erster Stelle auf der langen »Ich will noch nicht nach Hause«- Liste. Auf einer historischen Kegelbahn kann man den Bandenkönig küren. Etwas ganz Besonderes sind jedoch die jährlichen Aktionstage. Erkundigen Sie sich im Internet, wann diese stattfinden, aber rechnen Sie dann auch mit einem großen Besucherandrang.

Zum Museum gehören natürlich auch jede Menge Tiere.

Vom **HERRENHAUS** spannt sich im Museum der Bogen zum Haus des wohlhabenden Bauern. Dieses war nicht gemauert, sondern aus Holzbalken gezimmert. Nur einen einzigen Raum, die Stube, konnte man mit einem Kachelofen heizen. Aber auch der Bauer wusste sich wohnlich einzurichten. Die Stube ist getäfelt, und weil er es sich leisten konnte, ließ er die Täfelung und die tragenden Balken mit stilisierten Blumen bemalen. Alle anderen Räume auf dem Hof waren ohne Komfort. In der Küche brannte das Feuer offen auf dem Herd, der Rauch zog zwar über einen Kamin ab, der begann aber erst an der Stubendecke. Entsprechend schwarz geräuchert waren Wände und Decke. Fließendes Wasser wie in der Herrschaftsküche gab es nicht, es musste **AM BRUNNEN** vor dem Haus geholt werden.

Viel bescheidener ging es bei den **KLEINBAUERN** zu. Wohnbereich, Stall und Vorräte waren unter einem Dach, die Ausstattung war auf das Allernotwendigste reduziert.

In den alten Bauernhöfen des Freilichtmuseums kann man viel entdecken.

Die ärztliche Versorgung der bäuerlichen Bevölkerung wurde meist von heilkundigen Laien vorgenommen. Das waren Familien wie die der Ragginer aus Lüsen bei Brixen, in denen die HEILKUNDE von Generation zu Generation weitergegeben wurde. Sie erzielten in vielen Fällen beachtliche Erfolge und waren im Gegensatz zu den approbierten Ärzten für die Bevölkerung bezahlbar. Ihrem Nachlass hat das Museum zwei Räume gewidmet.

Bei einem Rundgang durch das Museum können wir all diese Gebäude besichtigen, Türen öffnen und durch Gärten schlendern und jede Menge ausprobieren. Ganz besonders schön sind die AKTIONSTAGE, an denen im Museum KORN ZU MEHL verarbeitet wird und man dann beim BROTBACKEN zusehen kann. Es gibt auch Schaf- und Wolle-Tage, altes Handwerk wird gezeigt oder wie man aus Flachs Leinen produziert.

50 Die Burg Sand in Taufers

Zwischen Burggeist und Folterkammer

Hoch über dem Eingang zum Ahrntal thront mächtig die Burg Taufers. Sie gehört zu den am besten erhaltenen Südtiroler Burgen und lässt sich im Rahmen einer Führung besichtigen.

> **TIPP**
> Zur Burg kann man auch mit einer kurzen, 20-minütigen WANDERUNG aus dem Dorf Sand in Taufers starten.

Nachdem wir erst einmal **DREI BURGTORE** passieren mussten, stehen wir im sonnengefluteten Innenhof der großen Burganlage. Zwar von Grusel, Schauer und Gänsehaut noch keine Spur, doch das lässt nicht lange auf sich warten. Zunächst beginnt die Führung noch ganz harmlos mit der Erzählung der Geschichte der Burg und ihren wechselnden Besitzern. Aber ehe man es sich versieht, wird man im Angesicht der schweren hölzernen Mittelsäule des **GERICHTSSAALS** in

> **Ausgangs-/ Endpunkt:** Burg Taufers bei Sand in Taufers
> **Anfahrt:** Von der Pustertalstraße bei Bruneck biegt man nach Norden ab in Richtung Ahrntal; Sand in Taufers ist ausgeschildert; am Ortsbeginn sieht man dann schon die mächtige Burg über dem Ort; sie ist ausgeschildert, man erreicht sie über eine schmale Zufahrtsstraße, an der Burg gibt es aber nur wenige Parkplätze; ansonsten im Dorf parken und zu Fuß in ca. 20 Min. aufsteigen
> **Ausrüstung:** Feste Schuhe und warme Jacke, die Treppen in der Burg sind steil und auch im Sommer kann es zwischen den Mauern kühl sein
> **Öffnungszeiten:** In den Sommermonaten sowie zu den italienischen Ferienzeiten mehrmals täglich Führungen; in der Nebensaison in der Regel nur Di, Fr und So um 15 Uhr eine Führung
> **Preise:** Mit Führung Erwachsene 7 €, Kinder bis 14 Jahre 3 €, mit zusätzlicher Ausstellung können die Preise geringfügig steigen; es gibt Familientickets
> **Einkehr:** In der Burg gibt es eine Burgschenke, die hat aber leider nicht immer geöffnet
> **Information:** Südtiroler Burgeninstitut, Tel. +39/0474/67 80 53, www.burgeninstitut.com

Einige der Räume der Burg Sand in Taufers sind noch samt ihres Inventars wunderbar erhalten.

die Zeit des Mittelalters katapultiert. Die vielen Kerben im Holz lassen erahnen, wie viele Gefangene hier schon auf ihr Urteil gewartet haben. Gleich im Anschluss geht es in die FOLTERKAMMER, wo die hölzernen Fußfesseln gleich einmal an den Kinderbeinen veranschaulicht werden. Eine deutlich im Boden eingelassene BLUTRINNE zeigt den Ausgang dieser damals verbreiteten Methoden der »Wahrheitsfindung«.

Im Anschluss hören wir in einem der vielen Zimmer eine spannende SPUKGESCHICHTE über das traurige Taufer Burgfräulein, deren verzweifelte Liebe sich niemals erfüllte. In der Rüstkammer können wir uns dann vom Gewicht einer Ritterrüstung überzeugen.

Dabei tropft die Führung nicht nur von schauervollen Gruselgeschichten rund um das düstere Mittelalter. Ganz spielerisch wird den Kindern und Erwachsenen quasi nebenher einiges über das damalige Adelsleben, aber auch die Kunstgeschichte erklärt. Die meisten der Räumlichkeiten sind in einem sehr guten Zustand erhalten und die

Mitmachen ist angesagt!

Burg Taufers entpuppt sich durch ihren feinen Wohncharakter mit dem wunderbaren Mobiliar als besonders authentisch. Interessant zeigt sich auch der Raum, in dem 1564 eine **ADELIGE SCHULE** untergebracht war. Noch heute sind die Porträts der Schüler und Schülerinnen (!) an den Wänden erhalten, wobei einige ganz schön griesgrämig aus den Rahmen blicken. Das lag aber wahrscheinlich nicht an der allgemeinen Schul-Unlust, sondern eher am Malstil der damaligen Zeit. Zum Abschluss der Führung können wir dann noch den **WEHRGANG** erobern und wechselnde Ausstellungen im wieder aufgebauten Burgfried ansehen.

Eine kurze Wanderung führt aus dem Tal zur Burg hinauf.

Das Bergbaumuseum Kornkasten

51

Vom Leben der Bergarbeiter

Das kleine Bergbaumuseum füllt zwar sicherlich keinen ganzen Tag aus, aber gerade bei schlechtem Wetter ist der Besuch eine hervorragende ergänzende Informationsquelle zur Epoche der Südtiroler Bergbaugeschichte. Allein schon das Gebäude, in dem das Museum untergebracht wurde, ist eine Besichtigung wert.

Das Ahrntal wurde über viele Jahrhunderte sowohl in wirtschaftlicher als auch in kultureller Sicht durch den **BERGBAU** geprägt. Das spiegelt sich z. B. in

TIPP

Es ist für den Museumbesuch wesentlich besser, zuerst in Prettau am Talende das Schaubergwerk zu besuchen. Nachdem man sich dort selbst einen Eindruck von der Arbeit in einem Stollen unter Tage verschaffen konnte, versteht man im Anschluss vieles im Museum Kornkasten besser.

Ausgangs-/ Endpunkt: Bergbaumuseum Kornkasten
Anfahrt: Von der Pustertalstraße bei Bruneck biegt man nach Norden ab; über Sand in Taufers fährt man ins Ahrntal; dort findet man im Ort Steinhaus das Museum auf der linken Seite des Tales in dem großen, auffällig rosaroten Gebäude; großer Parkplatz vorhanden
Öffnungszeiten: Von Anfang April bis Ende Oktober täglich außer Mo 11–18 Uhr, vom 26. Dezember bis Ende März täglich außer Mo 14.30–18 Uhr und Di, Mi und Do auch von 9–12 Uhr
Preise: Erwachsene 4 €, Kinder von 7 bis 14 Jahren 2,50 €, Familienticket 8 €; es gibt Kombitickets zusammen mit dem Schaubergwerk Prettau
Einkehr: Das Museums-Café Steinhaus liegt direkt beim Museum; im Gasthaus Talstube an der Talstation des Klausberg-Liftes sitzt man sehr geräumig und gemütlich
Information: Südtiroler Bergbaumuseum im Kornkasten, 39030 Steinhaus, Tel. +39/0474/65 10 43, www.bergmuseum.it

den verschiedenen Bräuchen wider und zeigt sich an zahlreichen Heiligenfiguren in den Kirchen, Kapellen und an Bildstöcken entlang der Wege, die meist einen Schutzpatron der Bergleute darstellen. Bergleute gelten ja als besonders abergläubisch!

In den großen Vitrinen finden sich die hölzernen Modelle wieder.

Oben: Mit kleinen Figuren werden die unterschiedlichsten Berufe der Bergbauarbeiter dargestellt.

Besonders deutlich spürt man die Einflüsse des Bergbaus in der Architektur vieler Gebäude, die in einem für Südtirol eher ungewöhnlichen Baustil errichtet wurden. So ist das rosarote Gebäude in Steinhaus, in dem sich das **SÜDTIROLER BERGBAUMUSEUM** befindet, ein architektonisches Beispiel für die Bergwerkskultur im oberen Ahrntal.

Um die Mitte des 15. Jahrhunderts befand sich in dem heutigen kleinen Weiler Steinhaus der **VERWALTUNGSSITZ DES KUPFERBERGWERKS** Prettau. In dem einstigen Kornkasten lagerten früher die Vorräte für die Bergleute. Diese wurden nämlich nicht nur mit Geld bezahlt, sondern erhielten auch einen Teil ihres Lohnes in Form von Naturalien. Der Kornkasten stand über viele Jahre leer, bis er Anfang der 90er-Jahre von der Gemeinde Ahrntal gekauft wurde. Es dauerte noch einmal zehn Jahre, bis schließlich das wunderschöne Südtiroler Bergbaumuseum eröffnet werden konnte. Ungemein beeindruckend sind gleich zu Beginn die dicken hellen Holzbalken, die die zwei Stockwerke bis heute tragen.

Die Ausstellung selbst wurde durch die Leihgabe der großen privaten Sammlung der Grafen von Enzensberg, einem alten Tiroler Adelsgeschlecht, ermöglicht. Bereits im 19. Jahrhundert, als absehbar war, dass das Prettauer Bergwerk geschlossen werden würde, begannen sie im Be-

wusstsein um die Tradition und Bedeutung des Südtiroler Bergbaus Gegenstände rund um den Bergbau zu sammeln. Überdies ließen sie **MODELLE AUS HOLZ** fertigen, die ebenfalls ausgestellt sind.
So können wir uns heute in den Museumsräumen sehr detailliert über den gesamten Arbeitsablauf der Bergleute informieren. Darüber hinaus werden sämtliche zusätzlichen Gewerke und Berufe wie z. B. das **POCHEN ODER SCHMELZEN**, aber auch der extreme Holzabbau, der für die Kohleöfen nötig war, erklärt. Interessant sind die Filme, in denen die letzten Prettauer Bergarbeiter zu Wort kommen, die in den 60er-Jahren kurzfristig die Arbeit in den Stollen wieder aufgenommen hatten. In einer Phase, bevor man das Bergwerk endgültig auf Grund von Unrentabilität geschlossen hat. Es sind authentische Augenzeugenberichte, wie man sie heute sonst nicht mehr zu hören bekommen würde. Für Kinder ist es spannend, wenn man sich am Eingang einen Quizbogen zu einer **MUSEUMSRALLYE** aushändigen lässt. Mit dieser Unterstützung macht das Auffinden einzelner Stationen doppelt so viel Spaß. Man muss dafür **SCHUBLADEN ÖFFNEN** oder in Vitrinen schauen. Außerdem sind entlang der Wände immer wieder kleine **DAUMENKINOS** angebracht, die sich natürlich bewegen lassen. Gerade in den Sommermonaten gibt es im Museum auch jede Menge Mitmach-Aktionen. Am besten erkundigt man sich vorab im Internet.

TIPP

Wer noch mehr über die Schätze am Berg erfahren möchte, kann in St. Johann im Ahrntal noch das **MINERALIEN MUSEUM** Artur Kirchler besuchen. In vielen Schaukästen sind an die 1000 Steinexponate, Kristalle und andere Halbedelsteine aus den Zillertaler Alpen und den Hohen Tauern ausgestellt. Geöffnet April bis Oktober 9.30–12 Uhr und 15–18.30 Uhr, November bis Ende März 15–18 Uhr, Erwachsene 3 €, Kinder 6 bis 12 Jahre 2 €.

HEY KIDS,

wisst ihr, was ein **AUSBISS** bei den Bergleuten bedeutete? Ein Ausbiss ist die Stelle, an der eine Erzader an der Erdoberfläche sichtbar wird.

52 Das Prettauer Bergwerk

Kupferabbau im Laufe der Jahrhunderte

Ein überaus spannender Ausflug, der uns mithilfe einer Bergwerksbahn 1500 Meter in das Innere des Rötberges bringt. Dort erfahren wir bei einem Rundgang alles über den Abbau von kupferhaltigem Gestein, der dort schon seit über 650 Jahren betrieben wird.

TIPP

Gerade in den Sommermonaten Juli und August ist es vor allem an Regentagen vorteilhaft, sich im Vorfeld anzumelden.

Zuerst geht es in die Umkleideräume. HELME SIND PFLICHT für den Ausflug in die Unterwelt. Die gelben Regenmäntel gibt es in allen Größen, und die werden wir auch brauchen. Dann steigen wir in die kleine BERGBAHN ein, die uns in den ST. IGNAZ STOLLEN, bringt. Gleich nach dem Stolleneingang wird es dunkel und kühl und es tropft zum Teil ziemlich heftig von der Decke. Ein paar wenige Lampen erleuchten den in den Stein geschlagenen Tunnel, der schnurgerade leicht aufwärts in die Mitte des Berges führt.

Ausgangs-/ Endpunkt: Prettauer Bergwerk
Anfahrt: Von der Pustertalstraße bei Bruneck biegt man nach Norden ab; über Sand in Taufers fährt man ins Ahrntal; fast am Talende hinter dem Weiler Prettau liegt das Schaubergwerk; großer Parkplatz vorhanden
Ausrüstung: Feste Schuhe, der Boden im Bergwerk ist feucht und rutschig; unbedingt warme Jacke, denn es ist konstant 7–8 °C kühl im Inneren des Berges
Öffnungszeiten: Von Anfang April bis Ende Oktober täglich außer Mo 9.30–16.30 Uhr, letzte Einfahrt für eine Führung 15 Uhr, im August auch Mo geöffnet
Preise: Nur mit Führung Erwachsene 10 €, Kinder von 7 bis 14 Jahren 4 €, Familientickets 20 €; es gibt Kombitickets zusammen mit dem Museum im Kornkasten Steinhaus
Einkehr: Neben dem Bergwerk gibt es die kleine Ignazstube mit leckeren Knödelspezialitäten
Information: Schaubergwerk Prettau, Hörmannsgasse 38a, 39030 Prettau, Tel. +39/0474/65 42 98, www.bergmuseum.it

Im St. Ignaz Stollen kann man sich das Bergarbeiter Leben sehr gut vorstellen.

Hier weitet sich der Tunnel und wir steigen aus. Trotzdem bleibt ein leicht beklemmendes Gefühl, wissen wir doch, dass wir nun 1168 Meter in den Berg gefahren sind und sich über uns fast 600 Meter hoch der Berg in seiner ganzen Masse auftürmt. Mit unserem äußerst unterhaltsamen Führer machen wir uns auf einen Rundgang. Er erklärt die mühsame Arbeit des Bergbaus, die Werkzeuge und Geräte, das Leben der Bergleute im Laufe der verschiedenen Jahrhunderte. Amüsant berichtet er über den GLAUBEN UND ABERGLAUBEN der Menschen, die sich dieser gefährlichen Arbeit aussetzten, aber auch die Vorteile, die sich für sie dadurch ergaben. An einigen Stellen werden wir darauf aufmerksam gemacht, wie sehr sich der Berg bis heute bewegt und sich die Erde in Südtirol immer noch auffaltet. Einige der Schächte stehen heute unter Wasser, andere sind eingestürzt und einige sind so eng und schmal, dass man nicht durchkommt.
Wir befinden uns im jüngsten Stollen, der ab

1761 in den Berg getrieben wurde. Über uns gibt es noch sieben weitere Stollen, die alle bis zur KUPFERADER führten, und von denen die ältesten aus der Zeit um 1400 stammen. Anhand einer Schautafel kann man sich gut vorstellen, wie der Berg durchlöchert wurde auf der Suche nach dem wertvollen Metall.

Puppenfiguren zeigen wie die Arbeit in den verschiedenen Jahrhunderten von statten ging.

Besonders interessant ist die natürliche aktive Kupfergewinnung, die hier im Bergwerk von Prettau in einer langen Wasserrinne durch einen Ionenaustausch vonstatten geht. Das auf seinem Weg durch den Berg gesickerte Wasser hat sich mit den noch vorhandenen Erzresten angereichert. In den hölzernen Wasserrinnen liegen Altmetallreste, mit deren Hilfe das Kupfer ausgefällt wird.

Im Bergwerk gibt es jedoch noch jede Menge mehr zu entdecken! Verschiedene MINERALIEN sind ausgestellt, immer wieder stoßen wir auf Figurengruppen, die die harte Arbeit im Berg demonstrieren. Übrigens fahren außer uns Urlaubern viele andere Menschen, die an Atemwegserkrankungen wie Asthma leiden, in einen bestimmten Stollen des Bergwerks. Für sie gibt es in der heilsamen Luft, die absolut frei von Pollen ist, einen eigenen Gesundheitsraum, in dem sie sich für mehrere Stunden aufhalten können.

Wer Lust hat, seine Bergwerkskenntnisse noch zu erweitern, kann sich auf die Wanderung über den BERGWERKSLEHRPFAD KNAPPENSTEIG begeben. Startplatz ist hinter den Museumsgebäuden am St. Ignaz-Stollen. Die Tour führt über 10 Schautafeln hinauf zum RÖTKREUZ auf 2080 Meter. Dort hat man vor über 600 Jahren das Erz entdeckt, denn die Erzader lag fast frei an der Bergoberfläche. Die Wanderung geht über knappe 600 Höhenmeter und dauert im Erwachsenentempo drei Stunden und 15 Minuten.

Auf dem Mühlenweg in Campill

53

Sommerliche Erfrischung am rauschenden Bergbach

Eine wunderschöne Wanderung führt uns im entlegenen Campilltal entlang eines Bergbaches zu vielen Mühlen. Die Aussicht auf die Bergwelt der Dolomiten entlockt den Eltern Begeisterungsrufe, während sich die Kinder eher dem fließenden Wasser zuwenden und sicherlich etwas nass dabei werden.

Eine WANDERUNG, die ganz nach dem Geschmack von Familien mit Kindern ist. Vom Parkplatz geht man zur Zufahrtsstraße zurück und folgt nun links der Beschilderung des Mühlenwegs. Vorbei am alten Kalkofen und der kleinen Kapelle können wir uns für die Rückkehr die SPECKSTUBE

Ausgangs-/ Endpunkt: Parkplatz Mühlenweg bei Campill
Anfahrt: Von der Pustertalstraße biegt man im Ort St. Lorenzen nach Süden ab in das Gadertal auf die Straße SP 244; dort fährt man bis nach St. Martin in Thurn und biegt nach rechts in den Ort ab; den Gaderbach queren, dann erneut rechts der Beschilderung ins Campilltal folgen; durch das Tal bis zum Hauptort Longiaru; dort hinter der Kirche links weiterfahren und dann den Schildern erneut nach rechts zum Parkplatz des Mühlenweges Misci/Seres folgen
Weglänge: 6 km
Höhenmeter: 200 m
Gehzeit: 2 Std.
Ausrüstung: Leichte Wanderbekleidung, kleines Handtuch, wenn die Kinder nass werden
Öffnungszeiten: Die erste Mühle am Weg ist im Juli und August jeden Mi 12–15 Uhr und jeden Do 9–15 Uhr geöffnet; alle zwei Jahre gibt es im August einen Mühlentag, an dem alle Mühlen klappern, abwechselnd mit einem Weilertag, an dem man in die alten Häuser der umliegenden Dörfer, ladinisch Viles, schauen darf
Einkehr: Direkt am Weg liegt die Jausenstation Tlisöra
Information: Tourismusverein St. Martin in Thurn, Tor 18/c, 39030 Martin in Thurn, Tel. +39/0474/52 31 75, www.sanmartin.it

TIPP

Nach der Wanderung sollte man unbedingt das LADINISCHE MUSEUM in St. Martin in Thurn besichtigen. Es ist in dem auffälligen freistehenden Schloss Thurn untergebracht. Dort erfährt man alles Wissenswerte rund um die ladinische Kultur und im angeschlossenen Café kann man Köstlichkeiten aus der Südtiroler Küche genießen. Geöffnet von Ostern bis Ende Oktober täglich außer Mo 10–17 Uhr, nur So 14–18 Uhr, Infos unter www.museumladin.it.

TLISÖRA vormerken. 100 Meter später verlassen wir die kleine geteerte Straße in der Rechtskurve und wandern nach links auf den Mühlenweg. Nun kann man sich nicht mehr verlaufen. Man folgt einfach dem BACHLAUF DES SERES aufwärts. Gleich zu Beginn steht die ERSTE MÜHLE am Wasser. Hölzerne Rinnen leiten das Wasser aus dem Bach zu ihrem Mühlrad. Im Juli und August ist diese Mühle jeden Mittwoch und

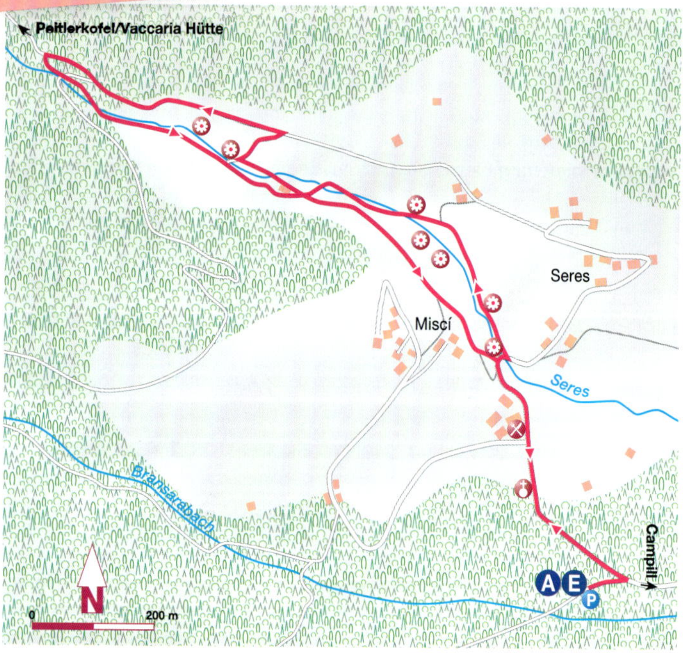

Nach der Wanderung kann man noch das Ladinische Museum besuchen.

Donnerstag in Betrieb. Jetzt folgen die Mühlen SCHLAG AUF SCHLAG. Manchmal müssen wir das Ufer wechseln, wenn die Kinder sich nicht sowieso schon lange ihren Weg direkt durch das Wasser bahnen. Aber Vorsicht! Selbst im Hochsommer ist der Seresbach eiskalt. Nach der obersten Mühle drehen wir um. Sehr ausdauernde Familien mit größeren Kindern können die Wanderung sogar bis zur VACCARIA HÜTTE unter dem Peitlerkofel ausdehnen, dafür ist man dann aber insgesamt mindestens vier Stunden unterwegs. Leichter ist es, auf dem gleichen Weg zurückzugehen bzw. den Schildern des kurzen Rundweges zu folgen.

54 Im Wildtierpark Gustav Mahler

Zwischen Bergziegen, Hängebauchschweinen und Luchsen

Der relativ kleine Wildtierpark Gustav Mahler liegt fast am Ende des Pustertals unweit von Toblach. Einst verbrachte hier der Komponist Gustav Mahler seine Ferien, und so gibt es noch heute mitten im Wildpark das eigens für ihn erbaute Komponier-Häuschen, für das sich vor allem die Erwachsenen interessieren werden.

Die BRILLENSCHAFE blöken schon von Weitem und versuchen auf den Zaun zu klettern, damit wir sie ja nicht übersehen. Wir sind jedoch nicht so schnell und hängen noch an den kleinen Ziegen, die neugierig ihre Köpfe zwischen dem Zaun hindurchstrecken. An fast jedem Gehege, an dem wir bis dahin vorbeigekommen sind, waren es unsere braunen Futtertüten, die die Aufmerksamkeit der Wildtiere auf sich zogen. Dabei sehen sie gar nicht hungrig aus. Die dicken HÄNGEBAUCHSCHWEINE springen förmlich aus ihren Schlammlöchern, genauso wie die haarigen Wildschweine, die sich um die Futterpellets streiten. Nur der Waschbär, die Hochlandrinder und der Goldfasan sind von uns unbeeindruckt.

Ausgangs-/ Endpunkt: Gustav Mahler Stube
Anfahrt: Auf der Pustertalstraße über Bruneck in Richtung Sexten/Lienz; kurz nach Niederdorf, aber noch vor Toblach, fährt man rechts nach Altschluderbach; der Tierpark ist ausgeschildert
Ausrüstung: Feste Schuhe braucht man nur nach längerer Regenperiode und im Frühjahr nach der Schneeschmelze, dann können die Wege sehr schlammig sein; feuchte Tücher zum Händereinigen sind nicht verkehrt
Öffnungszeiten: Ganzjährig 9–17 Uhr
Preise: Familienticket 12 €, Tüte Futter 2 €
Einkehr: Direkt am Eingang liegt die sehr geschmackvoll restaurierte Gustav Mahler Stube, dort gibt es auch einen Spielplatz mit Schaukeln, Wippe und Rutschen
Information: Gustav Mahler Stube, Altschluderbach 3, 39034 Toblach, Tel. +39/0474/97 23 47

Die frechen Ziegen sind ganz schön gierig …

Durch einen Zaun gelangen wir in das **ROTWILDGEHEGE** und steigen vorbei an Lamas den Hang aufwärts zu dem kleinen Wäldchen, in dem die Rehe Schatten suchen. Entlang der Wege gibt es immer wieder auch kleinere Gehege mit Hamstern, Kaninchen oder **EICHHÖRNCHEN**, daneben sind Informationstafeln angebracht, die uns über ihr Leben und ihre Verhaltensweisen aufklären.

Schließlich queren wir auf einer Brücke eine kleine Bergstraße und passieren dabei erneut einen Zaun. Nur so kommen wir zum Highlight des Parks. Zwei **LUCHSE** streifen durch ein sehr kleines Gehege und lassen sich so ganz in der Nähe des Zaunes beobachten. Über einige Teiche mit Gänsen und Enten geht es dann zurück zum Ausgang.

55 Die WaldWunderWelt in Toblach

Naturparkhaus, Waldlehrpfad und Grand Hotel

Heute kann uns das Wetter fast egal sein! Wir besuchen das Naturparkhaus Drei Zinnen im ehemaligen Grand Hotel in Toblach und machen uns von dort auf den spannenden Walderlebnisweg zur WaldWunderWelt, die relativ geschützt unter Bäumen liegt.

»Ein Schloss, ein Schloss«, ruft die vierjährige Emilia laut aus und läuft zielstrebig durch das große eiserne Tor auf das Gelände des GRAND HOTELS am Toblacher Bahnhof. Wir Großen folgen ihr ein wenig ehrfürchtig und sind uns unsicher. Ob wir uns in der Adresse geirrt haben? Nein, alles gut! Das ehemalige k. u. k. Grand Hotel beeindruckt durch sein Äußeres und die immer noch vorhandene Noblesse, obwohl es bereits um die Jahrhundertwende durch die österreichische Südbahngesellschaft erbaut

Ausgangs-/ Endpunkt: Bahnhof Toblach
Anfahrt: Auf der Pustertalstraße über Bruneck in Richtung Sexten/Lienz; in Toblach fährt man an der großen Kreuzung rechts, quert die Gleise und biegt dann links zum Bahnhof ein; hier finden sich einige gebührenpflichtige Parkplätze
Ausrüstung: Keine Besondere, die Waldwunderwelt liegt jedoch sehr schattig im Wald, Jacke nicht vergessen
Öffnungszeiten: Im Juli/August ganztägig bis auf Mo 9.30–18 Uhr geöffnet, im April/November geschlossen; in den restlichen Monaten Di bis Sa 9.30–12 Uhr und 14.30–18 Uhr geöffnet
Preise: Der Eintritt in das Naturparkhaus sowie in die WaldWunderWelt ist kostenlos
Einkehr: Unterwegs keine, im Wald gibt es Picknickplätze, im Anschluss finden wir viel Auswahl in Toblach; das Restaurant Tilia direkt am Gelände des Grand Hotels ist zwar wunderschön, gehört jedoch auch zu den besten und mit Sternen gekrönten Häusern Südtirols
Information: Naturparkhaus Drei Zinnen, Grand Hotel Toblach, Dolomitenstr, 1, 39034 Toblach, Tel. +39/0474/97 30 17; Tourismusverein Toblach, Dolomitenstr. 3, Tel. +39/0474/97 21 32, www.hochpustertal.info

Toblach liegt fast am Talende des Pustertals.

wurde. Sie errichteten dieses Luxushotel, um ihre Bahnlinie stärker auszulasten und bald schon kamen Künstler und Adelige wie König Albert von Sachsen oder der Komponist Gustav Mahler, um hier ihren Urlaub zu verbringen. Nach der Weltwirtschaftskrise begann der langsame Niedergang. Nach zahlreichen Besitzerwechseln ist das ehemalige Grand Hotel seid 1999 ein KULTUR- UND TAGUNGSZENTRUM und beherbergt u.a. eine Jugendherberge sowie die Toblacher Musikschule. Das Zentrum bildet jedoch der Gustav Mahler Musiksaal, in dem jährlich Konzerte anlässlich der G.M. Musikwochen stattfinden.

In einem der Gebäudeteile hat das NATURPARKHAUS DREI ZINNEN ein Zuhause gefunden. Es gewährt Einblicke in gleich zwei Südtiroler Naturparks. Die Gemeinde Toblach grenzt nämlich an den Naturpark Fanes-Sennes-Prags und an den der Drei Zinnen.

Hier gibt es noch viele wunderbare alte Bauernhöfe.

Im Naturparkhaus kann man die Geologie, Flora und Fauna der Sextener Dolomiten erkunden. Dem Wolf ist eine große Abteilung gewidmet. Die touristische Entwicklung des Hochpustertals, seine Anfänge und die Hochblüte sind genauso interessant dargestellt wie die düsteren Zeiten während der Kriege, wo sich gerade in den Dolomiten die Stellungen erbittert gegenüberstanden. Es gibt ein AQUARIUM, ausgestopfte Tiere, eine Bücherecke und Filme werden vorgeführt. An vielen Tischen dürfen Kinder Rätsel lösen.

TIPP

In den touristischen Hauptmonaten Anfang Juli bis Anfang Oktober finden jeden Mittwochnachmittag verschiedene Kinderaktionen wie Basteln mit Naturmaterialien für acht bis12 Jahre alte Kids im Naturhaus statt.

Nach so viel Interessantem wollen wir aber noch zum Toben und Laufen in den Wald. Dafür gehen wir zur TOBLACHER WALDWUNDERWELT. Mit Blick auf den Eingang des Naturparkhauses wenden wir uns nach rechts, gehen an der Jugendherberge vorbei und verlassen das Parkgelände des Grand Hotels durch das westliche Tor. Hier wandern wir nach links und folgen ein Stück der Straße, die zum Toblacher See führen würde. An ein paar Hotels vorbei verlassen wir dann den Gehweg erneut nach links auf den ansteigenden Forstweg, der zur WaldWunderWelt auf dem WALDERLEBNISWEG ausgeschildert ist. So erreichen wir nach wenigen Minuten einen großen SPIELPLATZ mitten im Wald. Hölzerne Pilze scharren sich um eine große Baumwurzel, in deren Verästelungen verschiedene Nachbauten von Tierhöhlen liegen. In diese kann man natürlich kriechen, wer gerne kraxelt, klettert durch Äste oder rutscht einfach die Otterrutsche hinunter. Es gibt einen Barfußpfad, eine Hochsprunganlage, und das Waldquiz ist auch für Erwachsene spannend.

Neugierde gefragt!

Oben: Eine kurze Wanderung führt in die WaldWunderWelt.

Es lohnt sich dem Erlebnis-Rundweg weiter zu folgen, so kommen wir zu den drei Häuschen des BAUMDORFES, die mit Stegen verbunden sind. In einem erfahren wir, was man mit dem Holz eines Waldes so alles anstellen kann, von der Waldarbeit bis zur Holzverarbeitung. Das zweite erklärt die ökologische Leistung des Waldes, z. B. seine Klimaaspekte, im dritten ist das Thema Kunst im Wald, wo wechselnde Ausstellungen stattfinden. Lassen wir uns also überraschen.

Wenn wir den Rundweg vollenden, kommen wir noch zum keltischen Baumhoroskop und von dort zum Gelände des Grand Hotels unweit des Bahnhofes zu unserem Ausgangspunkt zurück.

Was Sie trotz Kindern gesehen haben müssen

56 Bruneck – Fürstensitz und Einkaufsstadt

Nur ein Brunnen und das Eck eines Hauses sollen nach einem gewaltigen Hochwasser der Rienz von einer reichen Stadt übriggeblieben sein. Als man nach langer Zeit die Stadt wiederaufbaute, nannte man sie zur Erinnerung daran Bruneck. So lautet eine alte Sage über die Gründung der Hauptstadt des Pustertals.

In Wahrheit wurde Bruneck vom **FÜRSTBISTUM BRIXEN** gegründet. Dieses besaß im 13. Jahrhundert zahlreiche Güter im Pustertal, die gegen Überfälle geschützt werden mussten. Fürstbischof war damals Bruno von Kirchberg und dieser ließ 1356 im Pustertal an der Stelle, an der die Ahr in die Rienz mündet, auf einem Felshügel eine Burg bauen, die Bruneck genannt wurde. »Brun« erinnert an den Erbauer und unter »Eck« oder auch »Egg« verstand man damals einen Hügel. Nun konnte eine Burg nie allein existieren. Zumindest war ein Bauernhof nötig, der die Burgbesatzung mit Nahrung versorgte. Wenn sie jedoch so

TIPP

Wer Lust auf Schwimmen verspürt, kann ins nahe Schwimm- und Wellnessparadies Cron4 im Ortsteil Reischach fahren. Es liegt in Richtung Kronplatzbahn.

Ausgangs-/ Endpunkt: Straße Graben in der Brunecker Altstadt
Anfahrt: Auf der A 22 bis Autobahnausfahrt Pustertal, Brixen; nach Bruneck, durch die M.-Pacher-Str. bis zum Beginn des Grabens an der Altstadt, Parkplätze und Parkhäuser sind ausgewiesen
Einkehr: Es gibt eine große Auswahl in Bruneck, da hat man die Qual der Wahl; man kann sich auch eine eigene Brotzeit mitbringen und auf dem Platz am Schloss vespern
Information: Bruneck Kronplatz Tourismus, Rathausplatz 7, 39031 Bruneck, Tel. +39/0474/55 57 22, www.bruneck.com

Die alte Stadtmauer von Bruneck zieht sich hinauf bis zur Burg.

groß war wie Bruneck, genügte auch das nicht. Man brauchte Handwerker aller Art, die in der Burg Beschäftigung fanden. So entstand eine Siedlung um eine Burg und wie diese ausgesehen hat, kann man sich in Bruneck anschauen.

Wir beginnen unseren Weg durch die ALTSTADT AM GRABEN, das ist die große, breite und mit vielen Bäumen bepflanzte Straße, die direkt an der geschlossenen Häuserfront der Altstadt entlangführt. Der Name kommt nicht von ungefähr, das war der Wehrgraben der Stadt und dort, wo die Häuserfront steht, war einst die mächtige STADTMAUER. Die zog sich übrigens hinaus bis zur Burg, an vielen Stellen sind diese ursprünglichen Mauern noch immer gut zu erkennen. Heute ist der Graben schon längst zugeschüttet. Gegenüber, auf der anderen

Die bunte Häuserzeile mit den netten Gärten findet sich in der Griesgasse.

Straßenseite, liegt das moderne Zentrum rund um das Rathaus. Dort gibt es übrigens auch die beste Eisdiele der Stadt, die **GELATERIA MARLU**. Nachdem wir uns mit etwas Süßem versorgt haben, wechseln wir zurück auf die Grabenseite.

Die **ALTSTADT** betreten wir bei der Ursulinenkirche am Südende des Grabens durch das **URSULINENTOR**, auch Neutor genannt, und stehen schon in der Haupteinkaufsstraße der Stadt. Man kann es kaum glauben, dass fast alle Häuser an der Burgseite der Straße noch einen Garten besitzen. Jetzt heißt es einen Gang zurückschalten und durch die Einkaufsmeile ganz nach italienischer Manier bummeln. Wir passieren das ehemalige Wohnhaus des Schnitzers Michael Pa-

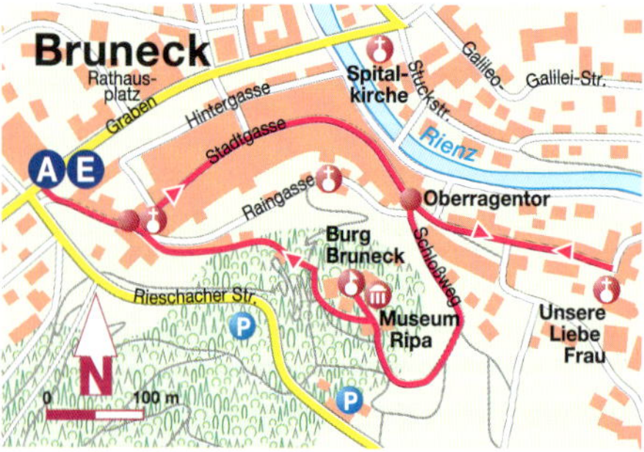

cher, an den eine Tafel an der Hausfassade erinnert, und bewundern die Auslage in der feinen Patisserie Acherer. Schließlich kommen wir zum OBERRAGENER TOR. Es zeigt ein Fresko von Bischof Bruno, dem Stadtgründer. Unmittelbar dahinter fließt die Rienz, die bei Brixen in die Eisack mündet. Flussabwärts sehen wir die nächste Brücke. Ihr Brückengeländer ist übersät mit angehängten Liebesschlössern, ein Brauch, der sich in ganz Italien immer mehr ausbreitet.

Wir gehen jedoch zurück durch das Tor und wandern weiter auf der Fußgängerzone. So kommen wir in den Ortsteil OBERRAGEN mit der gewaltigen Pfarrkirche Unserer Lieben Frau. Ein kleiner Teil ihrer Mauern geht noch auf romanische Zeit zurück. Das was wir heute sehen ist Neoromanik und stammt aus der Mitte des 19. Jahrhunderts, als die alte Kirche nach einem Brand völlig zerstört war. Das Innere der Kirche beeindruckt durch die Ausmalung in einer Form, wie man sich damals, vor 150 Jahren, romanische Malereien vorstellte. Nach so viel Historismus gehen wir Richtung Oberragener Tor zurück. Knapp 100 Meter vor dem Tor zweigt links in spitzem Winkel der Schlossweg ab, der uns in einem Bogen hinauf zur Burg Bruneck bringt. Dort befindet sich heute das Museum Ripa, eines der Messner Mountain Museen, das wir gegen Eintritt besichtigen können. Hier können wir unseren Rundgang beenden und wieder in die Stadt hinuntersteigen. Wer Lust hat, kann aber noch über die Schlossbrücke zum alten Soldatenfriedhof weitergehen. Dieser liegt mitten im Grünen auf einem Hügel oberhalb der Stadt.

Die Rainkirche von Bruneck bei Dämmerung

Oben: In der Altstadt kann man herrlich bummeln und die Zeit genießen.

Register

Impressum

Verantwortlich: Sabine Klingan
Redaktion: Christian Schneider
Umschlaggestaltung: Karin Vollmer
Layout: Eva-Maria Klaffenböck
Repro: Cromika
Kartografie: Heidi Schmalfuß
Herstellung: Barbara Uhlig
Printed in Italy by Printer Trento

★★★★★

Sind Sie mit diesem Titel zufrieden? Dann würden wir uns über Ihre Weiterempfehlung freuen. Erzählen Sie es im Freundeskreis, berichten Sie Ihrem Buchhändler, oder bewerten Sie bei Onlinekauf.
Und wenn Sie Kritik, Korrekturen, Aktualisierungen haben, freuen wir uns über Ihre Nachricht an Bruckmann Verlag, Postfach 40 02 09, D-80702 München oder per E-Mail an lektorat@verlagshaus.de.

Unser komplettes Programm finden Sie unter www.bruckmann.de

Alle Angaben dieses Werkes wurden von den Autoren sorgfältig recherchiert und auf den neuesten Stand gebracht sowie vom Verlag geprüft. Für die Richtigkeit der Angaben kann jedoch keine Haftung überommen werden.

Autorenempfehlung
Sie sind auf der Suche nach weiterführender Literatur? Dann empfehle ich Ihnen den Titel »Mit Kindern nach Südtirol« von Manfred Föger und Karin Pegoraro und natürlich »Mein erstes Tourenbuch« zum Festhalten der Urlaubserinnerungen. Oder Sie werfen einen Blick in die Zeitschrift »Bergsteiger«. Hier werden Sie bestimmt fündig.
Ihre Lisa und Wilfried Bahnmüller

Bildnachweis: Alle Bilder stammen von der Autorin, außer: S. 17 Nauders Tourismus, S. 8, 69, 70 u. Tourismus Verein Sarntal, S. 37 Tourismus Verein Rabland, S. 76 Reiterhof Edelweiß

Umschlagvorderseite: Auf Tuchfühlung mit den Tieren am Berg. Unten li. und re. Ferien heißt Zeit haben und genießen. Unten Mitte: Familie bei einer Wanderung auf dem Adolf Munkelweg
Umschlagrückseite: Der Wasserfall bei Barbian schafft Abkühlung für die ganze Familie
Innentitel: Zwei ziemlich beste Freundinnen haben ihren Spaß beim Wandern.

Die Deutsche Nationalbibliothek verzeichnet diese Publikation in der Deutschen Nationalbibliografie; detaillierte bibliografische Daten sind im Internet über http://dnb.d-nb.de abrufbar.

ISBN 978-3-7654-8761-3